Yehudi Menuhin

Worte wie Klang in der Stille

Yehudi Menuhin

Worte wie Klang in der Stille

Herausgegeben
und eingeleitet von
Harald Schützeichel

Herder
Freiburg · Basel · Wien

Umschlaggrafik: Josef Geisert
Autorenfoto: KNA-Bild

Verlag Herder Freiburg im Breisgau 1993
Herstellung: Clausen & Bosse, Leck
ISBN 3-451-23256-1

Inhalt

Einleitung

Auch der Geige spielende Wunderknabe Yehudi Menuhin schien vor jenem Graben zu scheitern, der die Welt der Wunderkinder von bewußter Kunstausübung trennt. Musikalische Wunderkinder bewältigen ja unter den gerührten Blicken der Erwachsenen oft nahezu unglaubliche Virtuosenleistungen und wissen genausowenig wie ihre Zuhörer, wie diese Leistungen zustande kommen. Der Übergang aber vom kindlich unbewußten Spiel zum Virtuosentum, das sich jedes Griffes und jedes musikalischen Effekts bewußt sein muß, gelingt nur wenigen von denen, die von der Welt als Kinder bewundert werden. Und von solcher Bewunderung hatte Yehudi seit seinem fünften Lebensjahr mehr zu spüren bekommen als irgendein anderes Wunderkind seiner Generation. »Lieber Yehudi, heute hast Du wieder bewiesen, daß es einen Gott im Himmel gibt«, sagte Albert Einstein, nachdem er den dreizehnjährigen Yehudi im Konzertsaal gehört hatte. Ähnlich überschwenglich äußerten sich der Dramatiker George Bernard Shaw und der Dirigent Bruno Walter.

Derartige Lobsprüche erreichten den Knaben Yehudi unter einer »Glasglocke«, die seine Eltern über ihn gestülpt hatten: Die Menuhins, eine aus Palästina in die Vereinigten Staaten eingewanderte, ursprünglich russisch-jüdische Familie, hatten um ihren Sohn eine Art hygienischer Zone errichtet, mit deren Hilfe sie ihn von der Umwelt isolierten. »Sie dürfen nicht vergessen«, erläuterte Menuhin, der nie eine Schule besucht hat, später, »daß ich erst nach meinem 18. Geburtstag zum erstenmal eine Straße ohne Begleitung überquert habe. Es war eine ebenso sonderbare, linkische und erheiternde Erfahrung wie mein erster Kontakt mit dem Telephon. Alle Telephongespräche waren immer für mich erledigt worden, so daß mir der Fernsprecher zum Symbol für das Eindringen in die Umwelt geworden und viele Jahre lang geblieben war.«

Die Eltern Menuhins gaben ihrem am 22. April 1916 geborenen ersten Sohn den Vornamen »Yehudi« aus Protest: Sie hatten in New York eine Wohnung gefunden, dessen Vermieter keine Juden in sein Haus aufnehmen wollte. Trotzdem gab er den Menuhins das Appartement, da sie seiner Meinung nach nicht wie Juden aussahen. Die Menuhins bezogen die Wohnung – und gaben ihrem Erstgeborenen herausfordernd den Namen »Yehudi«. »Yehudi« ist hebräisch und bedeutet »der Jude«.

Seine erste Begegnung mit Musik hatte Yehudi im Alter von zwei Jahren. Die Eltern konnten sich, als sie ein Konzert in San Franzisco besuchen wollten, keinen Babysitter leisten. Sie packten daher den schlafenden Zweijährigen in Kissen und nahmen ihn mit in den Saal – in der Hoffnung, die Musik werde das Kind eher einschläfern als beunruhigen. Doch Yehudi sei, so berichten sie später, bei den ersten Tönen sofort aufgewacht und habe den Musikern unverwandt und ruhig zugesehen. Nach so gelungener Premiere nahmen die Menuhins ihren Sohn fortan in jedes Konzert mit, das sie besuchten.

Seinen ersten Geigenunterricht erhielt Menuhin als Fünfjähriger, im Alter von 10 Jahren trat er zum ersten Mal als Solist in einem Orchesterkonzert auf. Drei Jahre später, im Jahre 1929, gab der als Wunderkind gefeierte Yehudi sein erstes Konzert in der Berliner Philharmonie unter der Leitung des Dirigenten Bruno Walter. Zu seinen herausragenden Lehrern gehörten ferner Eugène Ysaye, George Enescu, Jascha Heifetz und Adolf Busch.

Im Jahre 1938 verheiratete sich Menuhin in London mit der Australierin Nola Nicholas. Damit bekam die Glasglocke, unter der Yehudi von den Eltern behütet wurde, ihren ersten Sprung. Sie zersprang endgültig, als sich Menuhin während der Kriegsjahre ganz von der Elternhand lösen mußte. Als zweifacher Vater wurde er zwar vom Kriegsdienst mit der Waffe freigestellt; aber Menuhin meldete sich sofort zu jener Art Einsatz, der in Deutschland damals Truppenbetreuung genannt wurde. Während des gesamten Krieges gab Menuhin mehrere hundert Konzerte in fast allen Staaten, in denen alliierte Truppen standen. Diese Truppenkonzerte brachten den Geiger zum erstenmal in Kontakt mit einer rauheren und ungeschützteren Umwelt.

Die Kriegsjahre erweiterten aber nicht nur Menuhins Menschenkenntnis und seinen Gesichtskreis, sie brachten ihm auch schwere persönliche Sorgen. Seine Ehe ging in die Brüche, und sein Geigenspiel schien nicht mehr intakt zu sein. Menuhin war der bestbezahlte Geiger der Welt, als ihm klar wurde, daß er sich sein Instrument, die Geige, in einem Prozeß der Bewußtwerdung neu aneignen müsse. Das Wunderkind war erwacht, Menuhin stand an jenem kritischen Punkt, an dem ein Wunderkind gewahr wird, in welcher Höhenregion des Erfolgs es seiltanzt.

Yehudi Menuhin ist einer der wenigen Virtuosen, die ihre Entwicklungsprobleme bewußt lösen konnten. Er diagnostizierte, daß sein Leistungsabfall nicht allein durch seine Erschöpfung zu erklären war, sondern daß die Ursachen dafür in seiner Unkenntnis der technischen Voraussetzungen des Geigenspiels und Haltungsfehlern lagen. Von Verkrampfungserscheinungen geplagt, richtete Menuhin sein Augenmerk besonders auf Entspannungsübungen. Im Sommer 1951 entdeckte er beim Stöbern in einem Buchladen eine Yoga-Anleitung. Seither befolgte er bei seinen Entspannungsübungen die Grundprinzipien der indischen Yogalehre.

Ein Konzert Menuhins Anfang 1953 in der New Yorker Carnegie Hall begeisterte die Zuhörer wie in Wunderkindzeiten, und die amerikanische Wochenschrift »Newsweek« bestätigte: »Der hellhaarige Junge mit dem Gold in seiner Geige hat seine Wachstumsschwierigkeiten überwunden.« Menuhins Comeback war aber nicht nur eine Folge seines – wie er es nannte – »Kampfes mit der Geige«, sondern er lernte in dieser Zeit auch Diana Gould, seine zweite Frau, kennen, die er 1947 heiratete. Die englische Tänzerin wußte aus eigener Erfahrung um die Mentalität und das Dilemma der Wunderkinder, die ihre Kunst in die Erwachsenenzeit hinüberretten wollen, und konnte so die künstlerische Stabilisierung ihres Mannes unterstützen.

In dieser Zeit machte Menuhin auch politisch von sich reden. So war er der erste amerikanische Musiker, der 1945 unter abenteuerlichen Umständen nach Moskau flog, um mit russischen Musikern den Frieden und die Versöhnung zu feiern. Kurz darauf setzte er sich schärfster Pressekritik in Amerika aus, als er bereits 1947 wieder in Berlin gastierte, obendrein in einem Konzert, das Wilhelm Furtwängler leitete. Dem Dirigenten Furtwängler wurde nach Kriegsende vorgeworfen, daß er in einem autoritär regierten Staat verblieben war und nicht – wie seine Kollegen Bruno Walter und Arturo Toscanini – jedes Auftreten unter Diktatoren verweigert hatte. Nach seinem öffentlichen Konzert in Berlin stellte sich Menuhin zu einem Gratiskonzert für ehemalige KZ-Häftlinge zur Verfügung. Die Veranstaltung wurde jedoch von den meisten Eingeladenen boykottiert. So spielte Menuhin damals vor wenigen Zuhörern und bestand anschließend darauf, mit den Lager-Insassen zu diskutieren. In einer improvisierten Ansprache sagte er: »Ich habe für diejenigen, denen es schlecht ging, immer gespielt, wo es nur ging und wann ich nur konnte. Ihr seid unzweifelhaft Opfer des Nazismus, aber die Tragödie ist, daß ihr selber den Nazis ähnlich geworden seid; denn ihr fällt Urteile aus rassischen Grundsätzen. Ihr verlangt, daß Kunst und Musik sich ins Joch des Hasses einspannen lassen.«

Mut und Eigenständigkeit beweist Menuhin bis

heute in seinem politischen Engagement, sei es mit seinem Einsatz für die Erhaltung der Natur oder seiner Stellungnahme gegen die israelische Siedlungspolitik. Weltweit gilt der ehemalige Wunderknabe und spätere reisende Virtuose als Botschafter von Frieden und Toleranz. Sein Einsatz wurde mit mehreren Ehrendoktor- und anderen Würden ausgezeichnet, wie etwa dem Nehru-Friedenspreis (1970) oder dem Friedenspreis des Deutschen Buchhandels (1979). Um seine Idee von der friedenstiftenden und völkerverbindenden Kraft der Musik auch an die junge Generation von Musikern weiterzugeben, wurde Menuhin spiritus rector einer ganzen Reihe pädagogischer und humanitärer Organisationen und gründete 1963 die Yehudi-Menuhin-Schule, in der Kinder frühzeitig an die Musik herangeführt werden sollen.

Die Vielfalt der irdischen Lebensformen, ihre innere Einheit und die Frage, wie ihr Fortbestand zu sichern ist, gehören zu den zentralen Punkten im Denken des weltberühmten Geigers. Sie bilden auch den thematischen Rahmen der folgenden Textauswahl. Dabei stehen natürlich die Möglichkeiten der Kunst, und insbesondere der Musik, im Mittelpunkt der Überlegungen.

Harald Schützeichel

I

Das Leben ist unser Bildhauer

Im Einklang mit allem Lebendigen

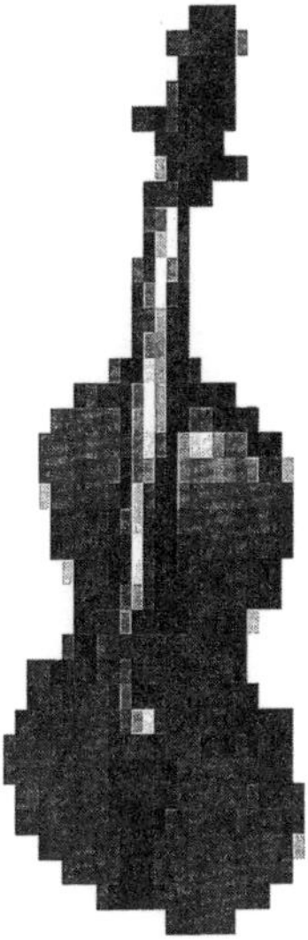

Der Mensch lernt früher oder später, daß die kostbaren Güter des Lebens, die Früchte, der Lohn wie auch die Freuden für uns und die Gesellschaft das ist, was sich ansammelt, was ungebrochen dauert und wie ein großer Baum seine starken Wurzeln immer tiefer gräbt und das schützende Laub immer höher breitet. Schnittblumen verwelken rasch.

Variationen 148

Das Leben ist unser Bildhauer, und wir werden – ob zum Guten oder Schlimmen – von ihm in eine bestimmte Form geschlagen und gemeißelt. Anderenfalls bleiben wir nur Klötze, Barren, Säulen, ohne Kannelierung, ohne Basis und Kapitell. *Kunst und Wissenschaft 42 f.*

Denken Sie daran, daß Leben nichts Fertiges ist, das nur aus vorfabrizierten Häusern, Autos, Flaschen oder Büchern besteht. Es ist das, was Sie daraus machen. Und wenn Sie nichts daraus machen, macht es ein anderer, und dann werden Sie sein Sklave sein. *Variationen 121*

Der Mensch hat viel Zeit und Mühe darauf verwandt, Umwege kurzzuschließen, er hat Zeiteinsparungen und Kurzfassungen erdacht. ... Dabei sind es doch die Umwege, die Mäander, die Umspielungen, die die eigentliche Substanz, den wahren Wert unseres täglichen Lebens ausmachen, unsere Freuden und Befriedigungen. *Kunst 41 f.*

Vergnügen ist ein wesentliches lebenantreibendes Motiv, es ist lehrreich, angenehm und so gut wie unerläßlich. Man kann das Vergnügen mit tatsächlich jeder hilfreichen, nützlichen und konstruktiven Tätigkeit verbinden, solange wir es nur im richtigen Sinne interpretieren und körperlich und seelisch gesund sind. Das gilt für das Geigenspiel ebenso wie für das Straßenkehren. *Kunst 92*

Unsere Befriedigung erreichen wir vor allem dadurch, daß wir jeden Augenblick bewußt erleben. *Faszination 151*

Jeder Augenblick im Leben ist ein neuer Aufbruch, ein Ende und ein Anfang, ein Zusammenlaufen der Fäden und ein Auseinandergehen. *Faszination 187*

Wesentlichste Dinge im Leben sind nicht zuletzt der Humor und die Fähigkeit, über sich selbst zu lachen. Er ist eines der wichtigsten Elemente im Menschen – mein kleiner Sohn verwechselte mit drei Jahren immer »human« mit »Humor«. *Variationen 123*

Zu unserem Leben gehört der Anspruch auf die Einmaligkeit des einzelnen. Je mehr das Leben seiner selbst bewußt ist, um so ausgeprägter ist dieses Merkmal. Zwar ist ohne Zweifel jeder Eiskristall einer Schneeflocke erkennbar einmalig, und auch jedes Blatt ist von anderen verschieden, aber nur der Mensch kann den Begriff der Einmaligkeit so barbarisch zu dem Anspruch verzerren, nur er selbst sein zu wollen – über allen anderen und auf Kosten aller anderen. Einmaligkeit in diesem Sinne, die nicht als gegenseitig geachtete Verschiedenheit begriffen wird, kann beim Menschen zur Grundlage von Tyrannei werden. *Variationen 189 f.*

Keine Mitteilung kann bedeutungsvoll sein, wenn sie nicht an frühere erinnert. Keine Erfahrung läßt sich gewinnen, kein Verstehen, keine Assoziation, keine Deutung, Zurichtung oder Reaktion, ob nun erlernt, durch Umwelt erworben oder Anlage vorhanden, ohne diese Erinnerung an irgendeine Befriedigung, ohne die vorausgehende Erfahrung einer Zustimmung oder Ablehnung, einer Anziehung oder Abstoßung. Anziehung und Abstoßung geschehen elektrisch und magnetisch schon zwischen unbelebten Dingen, so unfrei und ohne Wahlfreiheit diese auch sind. Das eigentliche Kriterium des Lebendigen aber ist doch die Fähigkeit, eine Wahl zu treffen, Entscheidungen zu fällen. Und das setzt Erinnerung voraus, die stete Ansammlung gemachter Erfahrungen. *Kunst 26*

Das Leben beruht zweifellos auf einem nicht weiter zurückzudrängenden Mindestmaß an Entscheidungsfreiheit einerseits und Beharrlichkeit andererseits, und diese einander aufhebenden Kräfte sind wiederum in einer größeren Bewegung vereint. Der Kreis, der Zyklus, ist der große »Beweger«. Bei der Dampfmaschine versöhnt der Kreis oder das Schwungrad Stoß und Gegenstoß des Kolbens, und historischer Fortschritt ließe sich vergleichen mit dem scheinbar wirkungslosen Lauf einer Dampfmaschine.

Variationen 47

Oft ist es ungeheuer schwer, sich zu entscheiden, und deshalb neigen so viele Menschen dazu, die Diktatur als etwas Gutes zu empfinden; sie hoffen, ein solches System nähme ihnen ihre Entscheidungen ab. Eine andere Art der Selbsttäuschung ist es, wenn man für alle Schwierigkeiten einen Sündenbock sucht. Damit begibt man sich in ein Narrenparadies, in dem man sich, durch ein starres Dogma gerechtfertigt, dem Vorurteil, dem Haß und sogar der Gewalt überläßt, ohne im geringsten daran zu zweifeln, daß man recht hat. *Faszination 185 f.*

Entscheidungen werden ständig von uns verlangt, und der Zufall ist immer im Spiel, gewöhnlich in einer subtilen und kumulativen Art. Eine scheinbar unwichtige Entscheidung oder ein wenig bedeutsames Zufallsereignis führt auf neue Wege, die uns in neue Verpflichtungen verwickeln, wo neue Interessen ins Spiel kommen und neue Zwänge entstehen.

Faszination 187

Leben ist Bewegung und Gegenbewegung, ständiges Bewegtsein, das mit allen Dingen des Weltganzen in Verbindung steht, mit ihnen zu unendlichen Mustern zusammenschwingt, die aufeinander einwirken. Nichts kann geschehen, was nicht einen Widerhall weckt im All.

Kunst 113

Im Leben herrscht immer ein Gleichgewicht – man kann nicht nehmen, ohne auch zu geben.

Kunst 177

Das Leben erzeugt Ungleichgewicht – oft unbewußt –, das wir dann zu korrigieren suchen. Das vollkommene Gleichgewicht, in dem es keine Störungen gibt, wäre kein Leben; aber ein fortwährendes Ungleichgewicht würde uns jeder Möglichkeit einer Lösung unserer Probleme berauben. *Faszination 119*

Glückseligkeit ist vor allem Maßhalten; denn Leben beruht auf einem sehr engumgrenzten, sehr heiklen Gleichgewicht um genaue Mittelwerte von Temperatur und Druck, Licht und Feuchtigkeit, Geschwindigkeit und Schwerkraft. Leben verlangt ein ständiges Ausbalancieren aller Kräfte, die uns vernichten können, wenn nur eine von ihnen das Maß überschreitet.

Kunst 90

Wir sollen anerkennen, daß es im Leben, in jedem menschlichen Wesen, in jeder menschlichen Beziehung Rhythmen, Zyklen und Verhaltensmuster gibt, an denen sich nichts ändern läßt. Unsere Physiologie, unsere Psyche und unsere ganze Konstitution sind dem Einfluß von Kräften ausgesetzt, die zu verwenden und zu lenken wir lernen müssen, wobei wir nicht zulassen dürfen, daß sie uns zerstören. Ich vergleiche das mit dem Indianer, der sein Kanu über die Stromschnellen lenkt. Wir würden in diesen Stromschnellen kentern, aber der Indianer hat gelernt, sie auszunutzen. *Faszination 135 f.*

Ein Erholungsurlaub soll die Unausgeglichenheiten des regulären Lebens auffangen. Niemand wird ernsthaft behaupten wollen, ein Leben in der Großstadt, ein ständiges Reiseleben oder ein Leben als ausübender Musiker sei etwa ausgeglichen. Es kann von einer geradezu katastrophalen Regelmäßigkeit sein, wie etwa das eines Drogenabhängigen, oder ausgeglichen wie das eines Trapezkünstlers. *Lebensschule 130*

Das Leben ist ein nie endendes Entdecken der Einheit alles Geschaffenen. *Kunst 27*

Obwohl wir merken, daß es eine Wahrheit geben muß, die der Geburt voraufgeht und auf den Tod folgt, können wir nur mit Hilfe des verstandesmäßigen Bodensatzes denken, mit dem Gedächtnis lebendiger Erfahrung. Und so sind wir verurteilt, unser Leben zuzubringen zwischen vielen Wahrheiten und Halbwahrheiten, ohne jemals diese eine wirkliche Wahrheit zu erfahren.

Kunst 28

Körperliches und Gefühlshaftes sind unentwirrbar verschlungen in aller wahren Glückseligkeit, so daß in diesem Zusammenhang auch der Geschlechtsakt zur Offenbarung einer ekstatischen Vereinigung mit dem All des Nirwana, der Vereinigung mit dem geliebten Menschen werden kann, eine Art kurzer Tod, wenn der Einzelne momentan im Trieb der Art sich verliert. Denn auch der Tod ist ein Sichhingeben und Vereinigen; es ist die Auflösung des Einzelnen in das Viele oder in ein größeres Einzelnes. *Kunst 76*

So wie wir während unserer ganzen Jugend für ein glückliches, gesundes Alter vorsorgen müssen, müssen wir unser ganzes Leben für einen ruhigen, glücklichen Tod Vorsorge treffen, nicht indem wir uns darauf konzentrieren, sondern indem wir in uns den Glauben entwickeln, der uns die Gewißheit gibt, daß der Tod, wenn er zur rechten Zeit kommt, ebenso willkommen ist wie die Hochzeit für den Zwanzigjährigen. *Variationen 144*

Nur wer im Einklang, im Gleichgewicht mit der organischen Natur zu bleiben weiß, kann überleben. *Kunst 45*

Die Natur ist immer noch voller Geheimnisse; wir haben Augen zu sehen, aber sehen nicht; wir haben Ohren zu hören, aber hören nicht. Um schöpferisch tätig zu sein, müssen wir die Dinge wieder sehen, wie ein Kind sie sieht – mit unverbildeten Augen, die nicht durch falsche Gewohnheiten, Vorurteile, falsche Vorstellungen und Interpretationen geblendet sind.

Faszination 167

Die Natur scheint niemals an geschlossenen Kreisläufen interessiert zu sein. Sie scheint sich nie so zu ordnen, daß alles aufgeht wie in der

Kontoführung eines Buchhalters. Da weiß man: Soviel ist eingenommen und soviel ist ausgegeben. Hier aber bleibt immer etwas übrig, ein Rest, wie man in der Mathematik sagt. *Kunst 122*

Denken Sie doch nur einen Augenblick daran, auf wie verschiedene Weise man einen Baum betrachten kann; es gibt viele Möglichkeiten, das Holz zu nutzen; Vögel und Insekten wohnen in dem Baum; er verwandelt Regen und Sonnenlicht in Energie und Wachstum; die Blätter verändern ihre Farbe; sie schlagen im Frühjahr aus und fallen im Herbst ab; und schließlich gibt es die verschiedenen Formen, zu denen sich seine Zellen entwickeln, den Saft, die Rinde und die Jahresringe, nach denen wir sein Alter bestimmen können.

Und dann haben wir die poetischen und mystischen Aspekte des Baumes und den seit uralter Zeit damit verbundenen Symbolismus; er repräsentiert Wachstum, Stärke, Schutz, Familie und das Verwurzeltsein in der Erde. Jeder dieser Aspekte hat seinen besonderen Wahrheitsgehalt, und jede dieser Wahrheiten wird durch Unwissenheit und eine gewohnheitsmäßig oberflächige Betrachtungsweise verschleiert. Ein Baum sagt uns nicht nur eine Wahrheit. Ein

Baum ist *eine* unerschöpfliche Quelle wunderbarer Erkenntnisse. *Faszination 167 f.*

Das Leben ist ein ständiger Austausch. Jeder, der sich mit der Kunst beschäftigt – ob nun schöpferisch oder als Interpret –, ist dem Anschein nach der Gebende. In Wirklichkeit ist er aber auch ein Nehmender. Das absolute Geben gibt es nicht. Die Erde bringt nicht nur ständig etwas hervor. Was uns auffällt, ist das Geben, Wir sehen, wie aus dem Boden der Weizen, die Bäume, Blumen und das Gras wachsen, und deshalb glauben wir, die Erde sei nur damit beschäftigt, Neues zu schaffen. Wir vergessen dabei, daß die Erde auch empfangen muß; sie muß Kräfte sammeln und sich erneuern; der Boden muß eine Zeitlang brachliegen, er muß gepflügt, bewässert, gedüngt und mit neuem Samen versorgt werden. *Faszination 184*

Wenn wir beginnen, uns nicht nur mit dem Augenblicklichen in Zeit und Ort zu identifizieren…, sondern mit dem Leben überhaupt und überall, müssen wir uns logischerweise für die Selbsterhaltung auf das große Naturreich stützen, das wir erkennen, auf das wir unsererseits einwirken und für das wir somit Verantwortung tragen. *Variationen 195*

So gibt es kein lautlos zu Boden sinkendes Herbstblatt, das nicht eine Veränderung bewirkt, eine Berührung auslöst mit Luft und Wasser, Erde oder einem Käfer, eine Veränderung im Bewußtsein, die es kostbar, ja zuletzt wichtig für uns alle werden läßt. In dieser Weise ist Kunst eine sich stetig verfeinernde Wahrnehmungsfähigkeit, ein sich ständig vertiefendes, identifizierendes Verstehen alles Lebendigen in und um uns. Wir lernen zu unterscheiden zwischen dem Harmonischen und dem Willkürlichen, zwischen Wahr und Falsch, wir lernen ein neues Verhalten, weil wir die Abfolge von Ideal, Abbild und Erfüllung begreifen. Das sind wohltätige Bereicherungen, wenn sie der Kunst und dem Weltganzen im besten Geiste der Demut, des Vertrauens, des Glaubens und der Nächstenliebe dienen. *Kunst 160*

Schweigen ist Stille, aber nie Leere: es ist Klarheit, aber nie Farblosigkeit; es ist Rhythmus wie ein gesunder Herzschlag; es ist das Fundament allen Denkens und damit das, auf dem jedwedes Schöpferische von Wert beruht. Aus dem Schweigen entsteht alles, was lebt und dauert; besitzt man diese schweigende Stille in sich, kann man dem äußeren Lärm mit Gleichmut begegnen; denn das Schweigen verbindet uns mit dem All, mit dem Unendlichen, es ist die Wurzel der eigenen Existenz und damit das Gleichgewicht des eigenen Lebens. *Kunst 110f.*

Schweigen hat so viele Seiten wie der Lärm. Es kann das Schweigen des Lebens sein – wenn sich eine Blume in der Stille öfnet – oder das Schweigen des Todes. Es kann das Schweigen der Furcht sein – wie willkommen wäre der Klang eines Kinderlachens oder einer schönen Musik in den Ohren eines Gefangenen in Einzelhaft! Und umgekehrt: Wie willkommen wäre die Stille für die geplagte Hausfrau und Mutter, die ständig dem schrillen Gekreisch ihrer Kinder ausgesetzt ist. *Kunst 115*

Das vollkommene Stillschweigen, das ich heilig nennen möchte, ist in erster Linie die Stille in Herz und Geist. *Kunst 114*

In Indien herrscht die Einstellung, daß ein Mensch so lange nicht das Leben in Frage stellen und an der Sinnhaftigkeit seines Daseins zweifeln wird, wie er in seiner natürlichen Umwelt eingeordnet ist, die seine fünf Sinne anspricht, nämlich sein Gedächtnis, seine Hände, seinen Körper, sein Herz und seinen Geist. Es mag für viele Millionen Abendländer paradox klingen, daß das menschliche Leben auch ohne Konsumgüter und Urlaubsreisen und ohne die Verpflichtung, Hypotheken zurückzuzahlen, Sinn und Bedeutung haben kann; denn was die Situation so schrecklich macht, ist eben das Gefühl der Sinnlosigkeit angesichts so vieler Versuchungen. *Variationen 211*

Streß und Überbelastung verlangen nach Frieden und Ruhe und einem ungebundenen Leben. ... Man muß dem Körper sein Recht gönnen, die Haut sehnt sich nach Salzwasser, Sonne, Luft, sogar Regen, und man muß wieder einmal in den Schoß der Natur zurückkehren, zu Büschen, Bäumen, Blumen und Früchten.

Lebensschule 131

Wir sind heute eigentlich verantwortlich für das gesamte Leben auf diesem Planeten, bis hin zu den Insekten. Und wir wissen genau, daß die guten Freuden, die eigentlichen Freuden, die uns erlaubt sind, jene sind, die mit dem Leben, dem Lebenerhalten, Lebenschenken zu tun haben. *Kunst 190*

Frieden entstammt einem in sich ruhenden Herzen, das keinen Neid kennt und nicht nach materiellem Gewinn giert. Solch ein gesundes Herz haben vielleicht die Neugeborenen, aber mit wachsender Beobachtungsgabe passen wir dieses Herz, das Zentrum unserer Sinne, allzubald dem Tempo und der Hektik an, die uns zunehmend umgeben. Wir haben uns vom Alltag peitschen lassen und hasten von morgens bis abends durch Menschenmassen, Arbeit, Streß, Vergnügen. Gefährdung und Ermattung wechseln einander ab. Dabei ist die Jagd nach Geld und Gewinn, nach dem Mammon, wie man früher sagte, allen schlecht bekommen. Rastlos und gierig verlangen wir nach mehr. In einer solchen Atmosphäre der sich immerfort steigernden, sich oft sinnlos überschlagenden Ansprüche kann kein wahrer Frieden gedeihen. Wir schätzen das Geld und scheinen es zu benötigen.

Dem Gott Mammon wird unerbittlich geopfert; die Opfer sind die Kinder, Mütter, Bäume und die Luft, die wir atmen. *Berliner Lektionen 237 f.*

Die Kunst ist auch von der Natur nicht zu trennen. Der Mensch und die Tiere verspüren in sich den – wie man im Deutschen sagt – »Drang« nach Schönheit. Keine menschliche Kunstschöpfung, ob sie nun aus dem Bereich des Sichtbaren oder des Hörbaren kommt, hat nicht auch eine Entsprechung in der Tierwelt. Weshalb hat denn der Pfau so schöne Federn, und weshalb weiß er, wie er sie am besten zur Geltung bringt? Von hier kam wahrscheinlich die erste Anregung, einen Fächer herzustellen.

Faszination 118 f.

II

Wir sind wie elektrische Drähte

Suchen, Fragen und Hoffen des Menschen

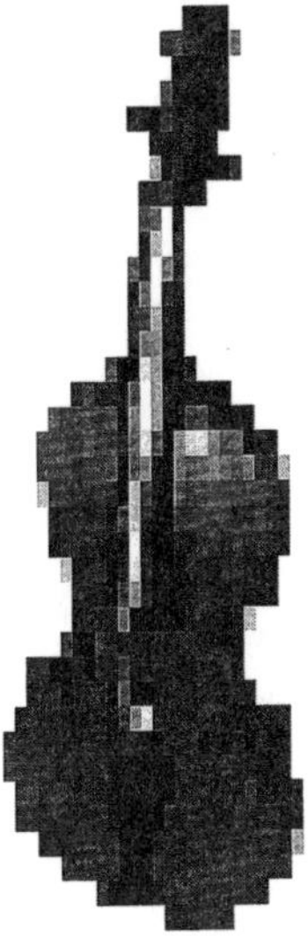

Ich bin fasziniert von allem Menschlichen, vom menschlichen Körper, vom menschlichen Geist und von der menschlichen Seele.

Faszination 40

Wir sind wie elektrische Drähte, in denen die Impulse zwischen dem Ewigen und dem Jetzt hin- und herlaufen. Wir schwanken zwischen Gemeinsamkeit und wetteifernder Vereinzelung, es reißt uns hin und her zwischen dem Allgemeinen und dem Besonderen. Nur sehr allmählich erwerben wir jene Toleranz und Nächstenliebe, die uns zu einiger Einsicht verhelfen in das Mysterium unserer menschlichen Lebensform und zu einem wachsenden Verständnis für die unnennbare Wahrheit, die uns umgibt, einhüllt und erwartet. *Kunst 30*

Der Mensch ist von Natur aus ein Spieler, versessen auf Spielzeug und Werkzeug, der dem Vergnügen und dem Recht ohne Verantwortung und Rechtfertigung nachjagt. Er ist insofern auch schöpferisch, als seine Schöpfungen Sublimierung persönlicher oder kollektiver Alternativen sind. Ständig schafft er künstliche unorganische Ordnungen; ständig zwingt er anderen seine Willkür auf. Am ungefährlichsten ist er eigentlich nur, wenn er etwas (vorzugsweise Noten) auf Papier schreibt und dann vernichtet –

mit berühmten Ausnahmen, natürlich. Er ist am verhängnisvollsten, wenn er Ordnungen schafft, die er verwegen genug ist, als gottgewollte Wirklichkeit zu interpretieren. *Kunst 90 f.*

Das, was einen Menschen zu einem einmaligen Individuum macht, sind die Narben und Male, der Stempel einer besonderen persönlichen Erfahrung und die Intensität der Reaktion, die diese Erfahrung im Empfinden, Denken und Handeln hervorruft. *Kunst und Wissenschaft 42*

Ich lehne Menschen mit einer starren Haltung ab, die sich einer Herausforderung oder einem Widerspruch nicht stellen wollen und denen der Mut fehlt, die Grundprinzipien der Freiheit und Gerechtigkeit zu verteidigen; Menschen, die sich nicht durch Wißbegier, Achtung vor dem anderen und Bescheidenheit leiten lassen. *Faszination 171 f.*

Nach meiner Erfahrung sind die mächtigsten schöpferischen Antriebe der Menschheit die, recht haben und originell sein zu wollen. *Kunst 219*

Ob es dem Menschen möglich ist, Überzeugungen mit Demut zu versöhnen, zuzugeben, daß Wissen immer mit Unwissenheit durchsetzt ist, weil wir immer das nicht wissen, was das Wissen nicht versteht? *Kunst 107*

Das besondere Vorrecht des Menschen ist es, aufrecht auf zwei Beinen zu gehen (und nicht auf allen Vieren) – und dadurch genötigt zu sein, die Hände zum Himmel zu erheben. *Variationen 45*

Das menschliche Lebewesen hat die große Besonderheit, daß es sich fast alles glaubhaft machen kann. Es kann völlig Widersetzliches miteinander vereinen, es kann in einem Augenblick ein Heiliger sein und im nächsten ein Sünder; ja es kann in einem Augenblick beides zugleich sein. *Kunst 127*

Der Mensch hat immer Vergnügen und Erfolg mit Glückseligkeit verwechselt. *Kunst 89*

Zwei übermächtige menschliche Triebe, die vielleicht ähnlich miteinander zusammenhängen wie Hingabe und Triumph, sind Vergnügen und Prinzipientreue, d.h. das Verlangen, so zu handeln, wie wir gern ungehindert handeln würden auf der einen Seite, und doch auf der anderen Recht zu haben ohne Vorbehalt oder die Notwendigkeit einer Rechtfertigung, mit anderen Worten: Gott und Diktator in einer Person zu sein. *Kunst 88*

Der Mensch muß historisch verantwortlich und bewußt sein. Er muß sich selbst sehen als Glied in einer langen Kette, das verantwortlich ist für die Glieder der Vergangenheit sowohl wie für die der Zukunft, nicht frei, die Vergangenheit oder Zukunft zu zerstören oder etwas als Gegenstand seiner Launen und Einfälle zu benutzen. *Variationen 246*

Wir werden geboren mit dem Gedächtnis unserer Art und einem Gespür für kommende Möglichkeiten. Solange diese Möglichkeiten lebendig sind und am Leben erhalten werden, ist die Kindheit wie eine lange, fast ewige Morgendämmerung. *Kunst 81*

Die meditative Haltung der Menschen des Ostens hat einen großen Wert: die Fähigkeit, sich auf einen bestimmten Gedanken zu konzentrieren, das Bewußtsein zu reinigen, das Denken aufzugeben und die Dinge einfach geschehen zu lassen. Vor vielen Jahrhunderten haben die Yogis durch Konzentration und Kontemplation Wahrheiten über die Funktionen des Körpers entdeckt, die heute durch die moderne medizinische Wissenschaft bestätigt werden. Die Methode des Westens besteht aus Analysieren, Sezieren und Messen; die Methode des Yogis ist das bloße Bewußtwerden dessen, was im Innern geschieht. *Faszination 195*

Bis jetzt war es jedermann möglich, bis an die äußersten Grenzen seines Ehrgeizes zu stoßen, so gut wie unangefochten durch andere Rücksichten. Er konnte soviel jagen, wie es ihm die Leibeskräfte erlaubten. Er konnte soviele Geschäfte machen, wie er in den Griff bekommen konnte. Die einzigen Grenzen waren die eigene Entschlossenheit, Kraft und Macht über seine Gegenspieler. ... Es gibt aber noch ein weiteres Stadium in der Entfaltung menschlicher Möglichkeiten, und das besteht darin, sich Grenzen und Einschränkungen aufzuerlegen, um allgemeinere Ziele zu setzen. Zielsetzungen und Weisungen für die Erde insgesamt, für die Menschheit, für Flora und Fauna als Gesamtsystem haben wir nie zuvor so bitter nötig gehabt wie heute. *Kunst 104*

Ich wette, daß ... ein Mensch, dem ein gesicherter Lohn, die regelmäßigsten Arbeitszeiten und Lebensbedingungen geboten werden, der Gesundheit, gelegentliche Abwechslung, allen Komfort warmen und kalten Wassers genießt und alle vorhersagbaren Elemente vollständig aus seinem Leben ausgeschaltet hat, entweder Selbstmord begeht oder in das nächste Spielkasino läuft, wo sich ihm das Unvorhersagbare in seiner niedrigsten Form bietet; oder daß er sich mit anderen zu kleineren oder größeren Gruppen zusammenrottet und zu morden beginnt – denn was ist Töten anderes als das höchste Glücksspiel? *Kunst und Wissenschaft 57*

Wir sind nicht die Eigentümer unseres Körpers, unseres Lebens, unserer Kinder, unseres Besitzes, unseres Landes, der Luft, des Wassers, der Erde – wir sind nur deren bevorrechtigte Treuhänder. *Kunst 36*

Der Mensch fordert ewig individuelle Einzigartigkeit und persönliche Erfüllung. Welche Schrecken und Ängste er auch in den letzten Jahrtausenden (unsere eigene Zeit miteinbegriffen) durchgemacht hat, er hat diesen Traum nie aufgegeben, wie er auch sein Verlangen nach dem Einssein mit dem Unendlichen nie aufgegeben hat. *Variationen 28*

Das Individuum im Menschen verlangt Anerkennung und möchte nicht nur eine Nummer sein, die nur eine ganz bestimmte, enge Funktion zu erfüllen hat. *Faszination 134*

Der Mensch muß ständig wählen. Es ist sein Schicksal. Zu diesem Zweck hat sich sein Gehirn zu diesem Umfang und zu dieser Kapazität entwickelt. Der Mensch, der in eine Situation herabgewürdigt wird, in der er nicht wählen kann, ist geistig und seelisch amputiert. *Kunst 213*

Des Menschen größte Gabe ist die Fähigkeit, Festlegungen hinauszuschieben, endgültige Lösungen zu vertragen, ein heikles, dynamisches, immerfort schwankendes Gleichgewicht in einem dauernden Zustand zu erhalten – Gedächtnis, Bewußtsein und Selbstverbesserung machen dieses Kunststück möglich. *Kunst 43*

Der Mensch ist immer großen Visionen gefolgt. Wir lieben und verehren jene Einzelnen, jene außergewöhnlichen Gesellschaften, die Geist und Materie in ihrer Universalität erkannten, von der jeder von uns und die Menschheit insgesamt nur ein winziger Bruchteil ist, ein Staubkörnchen. Aber dieses lebendige Staubkörnchen besitzt die Fähigkeit, sich selbst voranzutreiben, sich selbst zu ergründen und sich selbst fortzupflanzen. *Kunst 37f*

Unsere Träume und Wünsche erfüllen sich stets in dem Maß, wie sie nicht uns allein berücksichtigen und wie wir nicht eigensinnig und rücksichtslos darauf bestehen, sie als solche und nur als solche zu verwirklichen.

Kunst und Wissenschaft 64

III

Unsere Religionen werden immer unfruchtbarer

Der Mensch und die Unendlichkeit

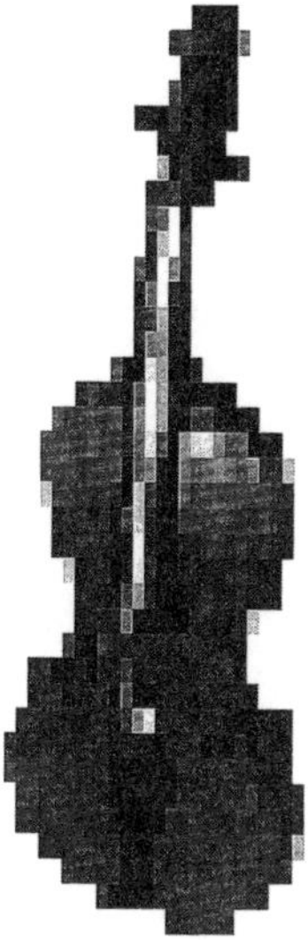

Leben ist immer etwas,
das Unendlichkeit widerspiegelt. Kunst 113

Unsere Religionen und Ideologien werden immer unfruchtbarer, unsere Tempel immer klinischer, unsere Rituale immer hohler. Man vergleiche die ins Auge fallende Fruchtbarkeit indischer Tempelkunst und die unzähligen Untersuchungen der indischen Philosophie mit der alles durchdringenden Sterilität unserer heutigen Umwelt. Mit Sterilität meine ich die Trennung der männlichen und weiblichen Prinzipien, die Trennung von Arbeit und Vergnügen, von Disziplin und Inspiration und Erfüllung, von Kunst und Leben, von Geist und Körper, von Weisheit und Wissen. *Kunst 203*

Theologen und auch Künstler haben es ohne Zweifel versäumt, die lebendige Wahrheit von Christi vorbildhaftem Leben in Übereinstimmung zu halten mit dem Wissenszuwachs in Biologie und Astronomie, und eine Philosophie und Sittenlehre zu konzipieren, die Schritt halten könnte mit der Zeit und doch Wesen und Symbole der unveränderlichen Beziehung des Menschen zum Unendlichen, zum Ewigen, zu Gott bestehen ließe. *Kunst 50f.*

Als ich noch klein war, habe ich einmal zur Bestürzung der Erwachsenen gesagt: Vielleicht war Jesus am Kreuze glücklich. Natürlich wissen wir, daß er das nicht war, wir kennen seine Todesangst. Aber ebenso selbstverständlich liegt diese körperliche Glückseligkeit... gänzlich außerhalb unserer gewöhnlichen geistigen Vorstellungskraft. Denn wir geraten schon in Verzweiflung, wenn wir uns unserer Schuld bewußt werden, wenn wir Angst empfinden oder Schmerz. Was ich aber meinte, war, daß Jesus, unbestreitbar der Größte aller Menschen, vielleicht diesen philosophischen Zustand inneren Gleichgewichts erlangt haben könnte, den ich trotz der grauenhaften Qualen, die er leiden mußte, Glückseligkeit nenne. *Kunst 79 f.*

Selbst heute gestehen unsere Religionen den Tieren keine Brüderlichkeit zu, sprechen ihnen eine Seele ab, ebenso, wie jede einzelne Religion es jeweils mit den Abweichlern oder Nichtgläubigen, mit den Anhängern anderer Religionen oder Sekten tut. Nur diese Geisteshaltung hat den institutionalisierten, organisierten Massenmord an Völkern und Tieren möglich gemacht. Es hat der Wissenschaft eines Galilei, Darwin, Newton und Einstein bedurft und der

Wiederentdeckung der antiken griechischen und arabischen Wissenschaft, um die engen, einengenden Dogmen und diejenigen der abendländischen Religionen und politischen Ismen zu überwinden, um endlich das Faktum zu beweisen, daß die Erde tatsächlich rund ist. Und in manch anderer Beziehung ist die Erde immer noch flach für die meisten von uns. In diesem Lichte besehen braucht man sich nicht zu wundern über die anmaßende Überheblichkeit der Wissenschaft und Technologie im Abendland.

Variationen 205

Wir sprechen von einer gemeinsamen jüdisch-christlichen Geistigkeit. Wenn dieser historische, biblische Samen irgendeine Frucht im Sinne von Brüderlichkeit und gegenseitiger Hilfe getragen hätte, wäre es Hitler weder möglich gewesen, an die Macht zu kommen, noch hätte die Judenverfolgung einen so bereiten Grund und Boden finden können von Rußland und Polen über Deutschland bis Frankreich und Spanien. *Variationen 228*

Der heutige Mensch hat sich den gemeinsten, rachsüchtigsten Gott geschaffen, der je seinen

Tribut von einem abergläubischen Volk erpreßt hat. Der Drache, den wir anbeten, baut dem Leblosen Tempel und verschlingt das Lebendige. Nur das Klingeln von Metall wird die Ausrottung der Menschheit überstehen, und nach allem Mut und aller Opferbereitschaft, die die Menschen bewiesen haben, werden vielleicht einstmals nur Geldstücke und Waffen, die man in späteren Jahrhunderten ausgräbt, Zeugnis ablegen vom Wahnsinn der Ausgestorbenen.

Variationen 183

Heute ist der Geschäftsmann der Missionar, der Wissenschaftler der Künstler, der Fabrikarbeiter der Handwerker, der Politiker der Hohepriester, der Psychiater der Beichtvater, und alle geistigen und kreativen Freiräume werden zugestopft mit den Abstraktionen von Geld und Chemikalien. Haben wir nicht sogar Pseudo-Glauben und -Katechismen erdacht, haben wir nicht neue Orakel, neue Propheten und Gottes-Söhne geschaffen, um unseren Gedanken und Taten symbolisches Gewicht und göttliche Billigung zu verleihen? *Kunst 52 f.*

Die neue Sittlichkeit, nach der ich Ausschau halte, wird Raum lassen für das Geheimnis, für den Fortbestand des Rituellen, sie wird auch mehr dem Grundsatz der Treuhandverwaltung als der Herrschaft dienen, die Einheit des Weltganzen anerkennen und die gegenseitige Durchdringung von Belebtem und Unbelebtem sehen – eine Religion, in der sich Musik und Gesang entfalten, Erkenntnis und Mathematik. *Kunst 29*

Nach meiner Auffassung ist der Kosmos in uns, wie umgekehrt wir im Kosmos sind. Wir gehören zum Universum ebenso, wie er ein Teil von uns ist. *Kunst 127 f.*

Wir können kein wahres Bild unserer selbst übermitteln, weil wir ein wirres Zufallsprodukt von Millionen und Abermillionen Menschenpaaren sind. Und doch bestehen wir hartnäckig auf diesem Verlangen, nach unserem Ebenbilde schaffen zu wollen und uns sogar einen eigenen Gott zu bilden. So ist der Mensch gezwungen, sich entweder einer Religion anzuschließen oder seine Religion bzw. seine Tollheit anderen aufzuzwingen. *Kunst 29*

Um die Meditationserfahrung mit altmodischen Worten auszudrücken: Sie ist in Wahrheit »ein Geheimnis mit Gott teilen«, ohne das Geheimnis »zu verstehen«, und doch sich einer lebendigen Gemeinschaft mit dem größeren Unkennbaren zu erfreuen. Sie ist für uns in aller Demut ein Versenken in das tiefste Innere unseres Seins – abgesondert, unabhängig, unerreichbar von allem »Wißbaren« des täglichen Lebens oder dem angeblich Wißbaren – denn alles hat sein eigenes Geheimnis. *Kunst 227*

Ich bin überzeugt, daß wir uns Religion immer anthropomorph vorstellen. Wir sehen uns immer im Mittelpunkt der Dinge. Wir begannen mit unserem Leben, unserem Stamm, unserem Lebensraum, als wäre das das eigentliche Zentrum des Universums, und Schritt um Schritt müssen wir uns nun eingestehen, daß wir nicht im Mittelpunkt stehen. Wir wissen nicht einmal, ob wir vorsätzlich auserwählt und geschaffen wurden als die Krone aller Möglichkeiten.

Kunst 123

Den menschlichen Körper kann man besiegen, kaum je aber den Geist eines »Gläubigen«.

Kunst 219

Eine Lebensweise, die das Reich des Unbekannten und Geheimnisvollen ausklammert, steht einfach nicht in Einklang mit dem Leben selbst. *Variationen 214*

Die Schöpfung selbst setzt einen leeren Raum voraus. Mit »leer« meine ich nicht nicht-existent, sondern ich benutze es in dem Sinne, daß des Schöpfers Prägung unmittelbar bevorsteht. Der Maler benutzt eine leere Leinwand – diese Leinwand besteht natürlich und kann ein wunderbares Stück Stoff sein, über das und dessen Herkunft viel zu sagen wäre. Aber sie wartet auf die Botschaft des Malers, die ihn selbst und seine Erfahrungen ausdrücken soll. *Kunst 113*

Nach meiner Überzeugung ist der Mensch nicht nur per definitionem religiös, sondern auch von einem frommen Wahn besessen. Er lebt nach seinen Vorstellungen, seinen Vorlieben, seinen Leidenschaften, Anhänglichkeiten, Hoffnungen und seinem Aberglauben. Er will nicht eigentlich gut sein – er will Gott sein, um nach seinem Ebenbilde schaffen und erschaffen zu können. *Kunst 29*

Der Ausdruck von Liebe, Hingabe, Anbetung im Verhältnis von Mann zur Frau ist sehr ähnlich dem Verhältnis von Mensch zu Gott. Der Akt der Vereinigung wird durch Ritual und Gebet verhüllt und durch Gesang, Architektur, Dichtung und Malerei zum Ausdruck gebracht. Ist nicht das Tadsch Mahal, gebaut aus Liebe zu einer Frau, ein ebenso gültiger Ausdruck frommer und glühender Anbetung wie die Kathedrale von Chartres, aus Liebe zu Gott gebaut? *Kunst 65*

Es ist die Weisheit der großen Religionen, daß sie es auf jeweils verschiedene Weise fertigbringen, einen modus vivendi zu bieten, der jeder Situation gerecht wird und uns einer gewissen Form von Ewigkeit versichert, uns dabei zugleich aber auferlegt, dieses Leben nicht als unser Ein und Alles zu betrachten, sondern als ein Pfand, dessen Hüter wir für eine kleine Weile sind, um es dann an die Nachgeborenen in ebenso guter oder womöglich besserer Form als wir es empfingen weiterzureichen. *Kunst 28*

IV

Den Hoffnungslosen neue Hoffnung geben

Möglichkeiten der Kunst

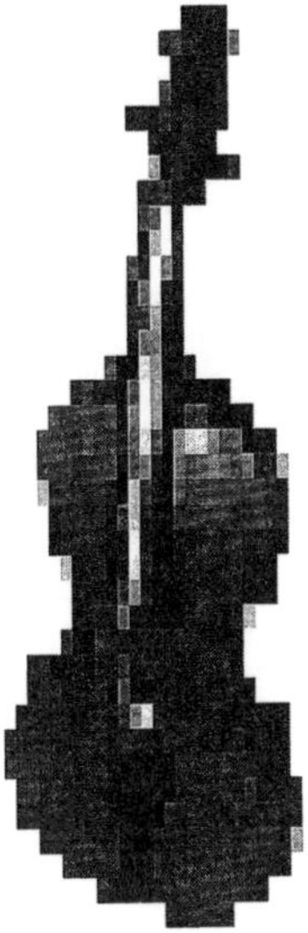

Kunst ist nach meiner Meinung eine intensivierende Darstellung des Lebens.

Kunst 161

Eine Kunst auszuüben oder ein Handwerk zu betreiben – ob man das Leben mit Kunst oder mit Geschicklichkeit meistert ist gleich – gibt den Hoffnungslosen neue Hoffnung. *Kunst 154*

Der Akt des Lebens selbst sollte als ein künstlerisches Streben aufgefaßt werden. Die öde Frustration des Lebens bestätigt die Tatsache, daß wir Kunst und Leben voneinander getrennt haben. Wir finden uns ab mit den unerträglichen Umständen in den Fabriken, Wohnungen und Straßen, weil wir glauben, das habe mit Kunst nichts zu tun. Kunst seien nur die Werke, die in Museen gehütet oder in Konzertsälen zelebriert werden. Die Heiterkeit, die Ekstase, die Einfachheit, die unmittelbare Aussagefähigkeit großer Kunst ist es, die das tägliche Leben repräsentieren sollte. *Kunst 204*

Die Analyse der Kunst sollte im Idealfall zur Analyse unseres täglichen Lebens werden, nicht im Sinne isolierter Meisterwerke, sondern einfach im Sinne alles dessen, was wir tun, wie wir uns von einem Ort zum anderen bewegen, wie wir unsere Gedanken formulieren, wie wir kochen und uns unterhalten. *Kunst 204*

Wahre »Kreativität« ist etwas, das mit dem Keimen der Saat zu tun hat, mit Bewegung, mit Einswerden, mit Hingabe des Ichs an eine größere Dimension, d. h. an eine Zeitordnung, die jenseits unseres kurzen Lebens liegt, um so jener größeren Zeitordnung zu dienen, der wir uns hingeben und deren Erfordernissen wir uns sogar aufopfern. *Kunst 209*

Die Kunst des Kretativen besteht in der Gabe, das Besondere zu erfassen, es ins Allgemeine zu verwandeln und damit ein neues Besonderes zu erschaffen. *Kunst 197*

Kreativität ist die menschliche Situation, in der Subjektives und Universales zusammenfallen; wenn wir nicht länger unterscheiden können zwischen dem, zu dem wir gehören, und dem, was zu uns gehört; wenn das Eine und die Vielen, individuelle Rede und gemeinschaftliche Sprache im Gleichgewicht sind und Worte bilden. *Kunst 58 f.*

Unsere Reaktionen auf Gewalt und Barbarei bestehen doch im allgemeinen darin, mit gleicher Münze heimzuzahlen, Auge um Auge, Zahn um Zahn, in blindwütiger Rachsucht. Die Kunst, die wahre Kunst, widersetzt sich solchen Reaktionen, so wie sich ihnen wohl auch die wahre Religion widersetzen würde, und lehrt statt dessen Demut, Toleranz, Achtung und Respekt. *Lebensschule 114*

Die Voraussetzung für die Kreativität ist es, daß man sich der Intuition überläßt, allerdings im Rahmen der Disziplin bestimmter Formen und Strukturen. Je umfassender das Gebiet ist, innerhalb dessen man sich der Intuition überläßt, während man zugleich eine gewisse Ausgewogenheit bewahrt, desto kreativer wird man sein. *Faszination 165*

Wir alle erleben unsere Freuden und Tragödien, unsere Ekstasen und Kämpfe, es fehlt uns jedoch vielleicht die Lebenserfahrung, um aus allem die ganze Fülle emotionaler Tiefe, rationaler Analyse oder philosophischer Bedeutung zu gewinnen. Wir brauchen die innere Erleuchtung, und deshalb gehen wir zu den großen schöpferischen Künstlern, denen wir vertrauen können, wie es Bach, Beethoven und Shakespeare sind. Die Erfahrungen der meisten hochentwickelten Menschen – ob es nun Künstler, religiöse Führer oder Persönlichkeiten aus anderen Berufen und Lebensbereichen sind – öffnen uns die Augen, erweitern unseren Horizont, lassen uns reifen und unsere unterdrückten Gefühle zur Wirkung kommen, indem sie ihnen Gestalt, Klang, Form und Bedeutung geben. Ein großes Kunstwerk repräsentiert den Menschen vor sich selbst.

Faszination 123

Alle Menschen sind Künstler. *Kunst 163*

In jedem einzelnen von uns schlummert vielleicht ein Gedanke, der zum Ausdruck drängt, der in der Dunkelheit des Unterbewußtseins gärt oder in einem enttäuschten Bewußtsein keimt und nur in einer vernichtenden Explosion ans Licht kommen kann. Deshalb ist der

Künstler oder Handwerker nicht unbedingt der Begabtere; er ist nur glücklicher dran, weil er sich Luft machen kann, weil er seiner Bahn folgen kann, weil er sich von dem inneren Feuer befreien kann, das sonst aus Luftmangel erlischt oder nach kümmerlichem Glimmen nur ein kümmerliches Häufchen Asche hinterläßt und das Gefühl, daß alles sinnlos sei. *Kunst 195*

Ein gutes Beispiel für diese besondere Funktion der Kunst ist die Verwendung von Masken in primitiven Kulturen. Diese Masken stellen verschiedene Aspekte des Lebens dar, unter anderem auch Geister und die bösen Neigungen, die in allen menschlichen Wesen verborgen sind. Durch die Darstellung dieser Geister in greifbarer Form werden sie von innen nach außen projiziert, und damit verringert sich ihre Macht, dem Menschen zu schaden. Man könnte sagen, daß die Kunst eine zweifache Aufgabe hat; sie ist das Spiegelbild des Künstlers und ein Kommunikationsmittel, das andere Menschen befähigt, mehr über sich selbst zu erfahren. *Faszination 121*

Der entscheidende Unterschied zwischen guter und großer Kunst – in der Literatur, in der

Musik, in der Malerei und der Bildhauerkunst – liegt in der Qualität der Inspiration. Die Inspiration des Genies wird tiefer erfahren, hat eine größere Geschlossenheit und ist weitblickender. Das Genie zeigt in seinem Werk einen natürlichen Sinn für die Proportionen; dieses Werk ist Ausdruck menschlicher Lebensart und menschlichen Verständnisses; es berührt unser Leben, unser Denken und unsere Träume dort, wo sie am tiefsten sind. *Faszination 109*

Wie wir gesehen haben, sind der Musiker und der Künstler oftmals ihrer Zeit ein gutes Stück voraus. Aus diesem Grunde sind diejenigen, die deren Werke hören und betrachten, häufig entsetzt, wenn sie ihre eigenen Gedanken in der »schöpferischen« Kunst der eigenen Zeit erkennen. So naiv und selbstsüchtig sie sind – sie schrecken vor ihrem eigenen Bild zurück und möchten es lieber meiden. Was sie suchen, ist eher eine wirklichkeitsfremde, beruhigende Kunst. *Kunst 215*

Maler und Bildhauer sind die glücklichsten aller Künstler, denn sie sind Schöpfer und Ausführende in einer Person. Sie brauchen nur um eine gehorsame Hand zu beten, die die Visionen des Auges interpretiert. In gewisser Weise verdeutlicht eigentlich der Maler den Schaffensprozeß als Interpretation und Verwandlung am lebendigsten. Denn der Maler deutet die Landschaft, die Gestalt, selbst seine eigenen visuellen Erinnerungen, er interpretiert sie ungefähr so wie der Musiker den »Urtext« des Komponisten interpretiert, und auch wieder gewissermaßen über den Musiker hinaus, dessen Kunst ein progressives Gestalten der Zeit mittels einer festgelegten Abfolge festgelegter Schwingungen ist. Der Maler wird zum Meister des augenblicklichen Symbols, der intellektuellen Abstraktion – vor der wir allerdings, und das gibt es bei Musik nicht, die Augen schließen können.

Kunst 199

Der Künstler hat eine dienende Funktion.

Faszination 118

Je vollkommener die Vorstellung ist, die man von etwas hat, umso mehr wird man sich bemühen, die handwerklichen Fähigkeiten zu vervollkommnen, die sie ermöglichen. Andererseits besteht auch dieselbe Abhängigkeit der Vorstellung vom Handwerklichen. *Kunst 121 f.*

Die Gleichlaufschwankungen der Töpferscheibe erzeugen die leichten Unregelmäßigkeiten eines Gefäßes, und diese Unvollkommenheiten rühren uns so unendlich, weil sie die Fehlbarkeit der Hände verraten, die es schufen. Der große Künstler läßt bei höchster Disziplin seiner Begeisterung freien Lauf, und diese gezügelte Freiheit ist das Zeichen menschlicher Hingabe, rückhaltlosen Hingegebenseins.

Kunst 161

Jeder Mensch sollte irgendwie schöpferisch tätig sein, ohne Rücksicht auf die Qualität dessen, was er herstellt. *Faszination 181*

V

Es muß zuallererst etwas entzündet werden

Kraft aus der Musik

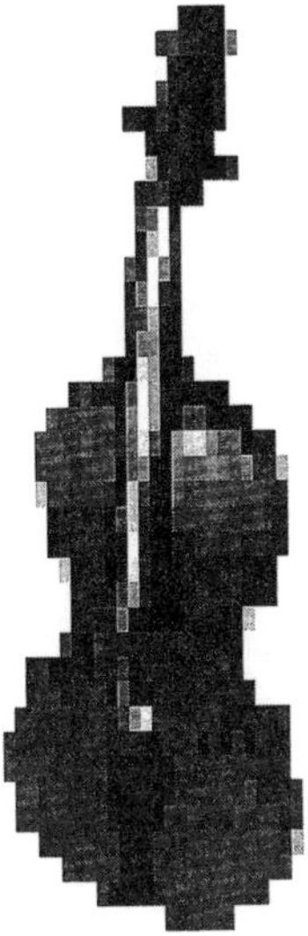

Was gibt mir die Musik? Sie stellt mir eine Sprache zur Verfügung, die in mancher Hinsicht genauer, im Gefühlsbereich eindeutiger und offenbarender ist, als Worte je sein können, wenn es nicht die Worte eines großen Dichters sind. Was ich vermag oder zu vermögen glaube, ist eine Fühlungnahme mit meinen Mitmenschen, eine Fühlungnahme mit allem, was fühlt. Für mich ist Musik daher eine allgemeinmenschliche Begegnung. *Lebensschule 115*

Nach meiner Meinung sollte die erste Begegnung eines Kindes mit Musik so sein, daß seine Fantasie, seine Gefühlswelt, seine Träume, vielleicht sogar sein Ehrgeiz geweckt und angespornt werden. Das Musikerlebnis sollte mit einer ganz starken Empfindung beginnen. Ich halte es nicht für gut, Musikunterricht auf einem Tasteninstrument oder mit fachlichen Ausführungen über Struktur und Material der Musik anzufangen. Es muß zuallererst etwas entzündet werden, das so unauslotbar, so lebendig und so wenig faßbar ist, daß dadurch etwas in Bewegung gerät zu einem schier unerreichbaren hohen Ziel. *Kunst 117*

Als Musiker lebe ich mit Schwingungen, Erscheinungen also, die weder belebt noch unbelebt sind und an beiden Zuständen der Materie teilhaben. Schwingungen sind von allen Erscheinungen, die es gibt, die einzigen, die uns gleichsam die entfernteste Quelle in Raum und Zeit spüren lassen. Weil wir schwingende, pulsierende Wesen sind, können wir die Empfindungen, Gefühle, Impulse und Gedanken von

Tausenden anderer Musiker spüren und sogar nacherleben, und als Musiker können wir mit Millionen von Menschen Verbindung aufnehmen. *Variationen 195*

Für mich ist Musik im Grenzgebiet zwischen dem Faßbaren und dem Unfaßbaren, zwischen Atem und Körper, zwischen dem Physischen und dem Geistigen, zwischen Intellekt und Intuition, und dieses Grenzgebiet ist unser Lebensbereich. *Kunst 118 f.*

Das Phantastische an der Musik ist ihre Fähigkeit, jedes nur denkbare Vorkommnis, jede Situation wiederzuspiegeln, ob belebt oder unbelebt, ob es der Schrei eines Kleinkindes ist oder die Gewalt des Donners, ob Liebesschmerz wie in Schuberts Liedern oder geistige Arbeit wie in Bachs Fugen. Die Eigenschaft des Tones ist dem Tastgefühl verwandt, und er wird ja auch in Worten mit warm, kalt, sinnlich, trocken, samtweich oder seidenglatt umschrieben.

Variationen 137

Ich glaube ganz sicher, daß es zwischen einem Komponisten und einem Interpreten, sogar ohne alle Worte, eine stärkere, innigere Verbindung geben kann als zwischen einem Komponisten und einem Freund, den er schon ein Leben lang kennt. Denn der Komponist behält das Innerste seines Wesens seinem Werk vor.

Variationen 82 f.

Musik kann eine unmittelbare Offenbarung sein und ist es beinahe auch, da sie nur wenig Deutungsarbeit vom verständigen, willigen Hörer verlangt. *Variationen 20*

Beim Musizieren wurde es mir neulich klarer als je zuvor, daß das Verlangen des Menschen und dessen Ausdruck in der Kunst der unbegrenzten, unendlichen, vollkommenen, nie-endenden Liebe gilt, von der die physische Liebe, wie wir sie in unserer Lebensspanne kennenlernen, nur eine Spiegelung, eine Nach-Schöpfung ist. *Kunst 210*

Von allen Künsten ist die Musik womöglich die befriedigendste; denn ohne beengt zu sein wie das Wort, trägt sie in einem einzigen, beständigen Fluß eine universale Botschaft vom Komponisten zum Interpreten und weiter zum Hörer. Sie läßt dem Ausführenden wie dem Zuhörer genügend Spielraum, um Konzeption und Rezeption je nach Anlage und Erfordernis abzuwandeln. *Kunst 195*

Beim Musizieren fühle ich, auf verschiedenen Ebenen zugleich zu leben. Man könnte das mit der Situation eines Autofahrers vergleichen, der an seinen Zielort denken muß, zu dem er fahren will, und an den Weg, auf dem er dahin gelangt. Er muß an die unmittelbare Situation denken in bezug auf den Verkehr auf der Straße und die Verkehrszeichen, die zu beachten sind. Er muß an seinen Motor denken. Funktioniert die Maschine, kann er sie bis zu einem gewissen Grade außer acht lassen, aber er muß daran denken, daß ab und an aufgetankt werden muß. Und ist es eine lange Fahrt, müssen vielleicht die Zündkerzen gereinigt werden. Dann muß er auf die Straßensituation reagieren, er muß lenken, bremsen, schalten, Gas geben und so weiter. Ganz ähnlich ist es auch beim Musizieren. Man denkt an die Gesamtstruktur des Stückes; an die Töne, die man gerade spielt; an die Ausgewogenheit zwischen einem selbst und der Begleitung; an die Phrasierung. ... Man muß so vieles im Auge haben und verliert sich doch vielleicht an die Musik. *Kunst 128*

Es besteht kein Zweifel, daß das, was wir Musik nennen, teilhat am Metaphysischen. *Kunst 125*

Musik *ist* Leben. Sie ist Schwingung, sie hält uns als Teil eines schwingenden Kosmos in Verbindung mit der Gesamtheit des Alls. Wenn sie diese Aufgabe hat, dann muß sie uns zu diesem inneren Gleichgewicht verhelfen, dem Gleichgewicht zwischen Intuition und Bewußtsein. Zwischen dem Unterbewußten und dem Bewußten zu vermitteln hat alle große, gute Musik gedient, ob sie nun indisch oder afrikanisch, einstimmig, gregorianisch oder von kompliziertester harmonischer Struktur ist wie unsere abendländische Musik. *Kunst 119*

Ich bin mit meinem Kopf schon gegen eine ganze Reihe von ideologischen Wänden gerannt, aber die Erfahrung hat mich nicht davon überzeugt, daß die Musik vor der Unversöhnlichkeit der Menschen kuschen muß oder daß der Musiker nur dumpf vor sich hinfiedeln darf, während die Welt in Flammen steht. *Reise 251*

Schöne Musik weckt Stille und schafft Raum. *Kunst 115*

Glückseligkeit und das Streben danach ist ein edles Ziel der Menschheit, nirgendwo ist es greifbarer als in schönen Werken – besonders in der Musik, die an sich Abstraktion und Sublimierung aller komplexen und widerstreitenden Faktoren ist. *Kunst 96*

Während die Mathematik die Proportionen von Strecken und Winkeln mißt, die unsere Existenz umgrenzen, ist die Musik eine Kunst, die diese Maße in ihren Rhythmen, Proportionen und Metren nutzt, benutzt, und man möchte fast sagen: lebt. Anziehung, Abstoßung und das Verlangen nach Versöhnung – das sind die gemeinsamen Nenner der Musik, des Lebens und der Mathematik. *Kunst 30*

Wir leben in einer Zeit, in der jedes Bedürfnis mißbraucht, ausgebeutet oder kommerzialisiert wird, und inzwischen gibt es sogar Musik, die ihrem eigentlichen Inhalt entfremdet ist – Musik, dazu gedacht, unsere Wachsamkeit, unseren Widerstand gegen den Kaufzwang in einem Geschäft zu schwächen; Musik, die produziert wird, um uns einzulullen und zu entmündigen. Was noch schlimmer ist: Sie wird zunehmend lauter, und unser Gehör schützt sich durch Taubheit. So wie Hände bei schwerer Arbeit Schwielen bekommen, setzen wir Taubheit als einzige Verteidigungswaffe gegen die erbarmungslos steigenden Dezibel unserer bedrohlich lärmenden Umwelt ein. *Lebensschule 143 f.*

Die Größe in der Musik liegt zum Beispiel darin, was der Komponist ausdrücken wollte – und wozu er inspiriert worden ist; sie liegt in seiner ästhetischen Konzeption der Form, des Stils und des Inhalts und in seinem handwerklichen Können. Alle diese Faktoren wirken in einer unendlich subtilen und komplexen Art zusammen. Wenn wir in unserem Inneren aufnehmen, was die Musik uns sagen will, dann wissen wir nicht genau, woher diese Botschaft kommt; wir können nur versuchen, uns dieser

Botschaft zu öffnen und in Geist und Seele des Komponisten und seiner Musik einzudringen.

Faszination 107

Von alters her wird der Musik heilende Kraft zugeschrieben. Aber auch heute herrscht da, wo Menschen alte Melodien oder gemeinsam Hymnen singen, eine andere Atmosphäre als dort, wo Marschmusik geschmettert wird. Musik heilt, Musik bringt Freude, Musik tröstet. Jeder von uns, sei er nun ein ausübender Musiker oder ein Zuhörer, hat das schon viele Male erlebt. Auch kennen wir Berichte aus den letzten Kriegen, nach denen die Kanonen schwiegen, wenn von der einen oder anderen Seite der Front die Klänge von »Stille Nacht« zu hören waren.

Berliner Lektionen 245

Musik schafft Ordnung aus dem Chaos: denn der Rhythmus bringt das Auseinanderstrebende zur Einmütigkeit, die Melodie setzt das Zusammenhanglose in Zusammenhang, und die Harmonie macht das Unverträgliche verträglich.

Variationen 19

Mozart kennt nichts Gekünsteltes, Aufgesetztes: Sinn für Humor, eine derbe Ausgelassenheit, wie sie sich in seinen Briefen verrät, das Verhalten eines gesunden Normalsterblichen – alles mehr als ausreichend, um ein intensives Schaffen von höchster, ausdrucksmächtigster menschlicher Bedeutung zu begünstigen. Mein großer Lehrer Enesco pflegte zu sagen, Mozart sei ein Weingarten am Abhang eines Vulkans. Kein Ton, keine Geste, keine Silbe (in seiner Musik alles gleichbedeutend), die nicht vollendet gebracht werden muß. Aber in diesen Tönen, Gesten und Silben liegen wie bei Shakespeare die gesamte menschliche Tragödie und Komödie, Leidenschaft und Verzweiflung, doch so gefaßt, daß die Form, die Eleganz, wie sie die Zeit verlangte, niemals durchbrochen werden.

Lebensschule 96

Beethoven ist in vielerlei Hinsicht kein Romantiker. Er steht noch vor dieser selbstbezogenen, selbstquälerischen, egozentrischen Romantik, mit der er zuweilen viel zu sehr in Verbindung gebracht wird. Seine Musik kann äußerst dramatisch sein, aber er spricht für die Menschheit und nicht für sich selbst. Er erreicht die Transzendenz des eigenen Leidens, eben weil er für alle spricht. Er besitzt einen Rhythmus über den eigenen, subjektiven hinaus. *Lebensschule 95*

Bei Beethoven ist wie bei Shakespeare das Gedankliche so vollkommen formuliert, daß es sich nicht einfacher, klarer, prägnanter oder schöner ausdrücken ließe. Will man seiner Musik gerecht werden, darf man also in ihr nicht die hemmungslose Romantik der populären Legendenbildung sehen, sondern im Gegenteil das Intensive, Kompakte und Kristallklare seiner Aussage. *Lebensschule 95*

In Beethovens Musik darf der Geiger nur Vermittler sein. Sie enthält wenig Persönliches und läßt sich kaum auf schmeichelnde Klänge, gefällige Schleifer und ähnliches reduzieren. Alles wird von der Bedeutung, dem Gewicht, von Struktur und Gerichtetheit der Töne und Passagen selbst bestimmt. Auch die einfachsten Phrasen, die nach wenig mehr als Tonleitern oder Akkordbrechungen aussehen, enthüllen ihre hohe Bedeutsamkeit, sobald man erkennt, wie grundlegend sie im Aufbau des Werkes verankert sind. Es ist wie eine Art Kommunion, in der alles Persönliche – Wünsche, Sehnsüchte, Enttäuschungen und Bestrebungen – eliminiert ist, in der ein Du sich offenbart, in seiner ganzen Intensität und doch von allem Persönlichen gelöst. *Lebensschule 94*

Beethovens große Leistung ist die außergewöhnliche Allgemeingültigkeit seiner Aussage, eine Universalität, die gleichermaßen teilhat an der Wahrheit einer mathematischen Gleichung und an der Wahrheit allgemeinmenschlicher Erfahrung. *Variationen 78*

In der Musik von Schubert und Beethoven werden uns menschlicher Schmerz und menschliche Tragik in ihrer ganzen Tiefe bewußt. Radikale gesellschaftliche Veränderungen und die großen politischen Machtverschiebungen in Europa spiegeln sich unmittelbar in der Musik Beethovens, aber seine künstlerische Integrität wird davon nicht berührt. Bei ihm steht das Individuum über allem anderen – der einzelne Mensch beobachtet, kämpft und trägt am Schluß den Sieg davon. *Faszination 168*

Für uns Musiker ist Bach unser eigenes Fleisch und Blut, in der gleichen Bedeutungstiefe wie die Sakramente für die Christen.

Während Beethoven zum Beispiel seine Mitmenschen durch sein eigenes Gefühl entdeckte und verstand und wir uns deshalb in ihm wiedererkennen, entdeckte Bach sich selbst durch die Menschheit oder durch ein Gefühl, das größer war als er selbst, und deshalb erkennt die Menschheit in Bachs Musik etwas, das größer ist als sie selbst. Vielleicht kann man sagen, daß Beethoven, Schumann und die anderen Romantiker ihr eigenes Fleisch und Blut ausdrückten. Bach steht eine Stufe über dieser Art von Ausdruck, und in diesem Maße ist er ebenso ein Symbol des Göttlichen wie sein Gott.

Variationen 77

Bach ist oftmals zutiefst bewegend und leidenschaftlich, aber er schildert keine persönlichen Leidenschaften und will auch keine persönlichen Überzeugungen übermitteln. Er spricht für das Menschliche und Zeitlose. *Lebensschule 98*

Wo Bach für die Menschheit spricht, eine Stimme, die zwischen Mensch und Gott vermittelt, spricht Mozart für den einzelnen, spricht von der menschlichen Bedingtheit. Und doch ist seine Musik weder selbstquälerisch noch Beute intrigant, ungehobelter Tyrannen, noch – wie in letzter Zeit – durch Gewalttätigkeit und Verzweiflung reduziert, die die gesunden, edlen Eigenschaften des Menschen verdekken und verzerren. *Lebensschule 96*

Die Musik Bachs ist eine jener Stimmen der Menschheit, die uns immer getröstet und inspiriert haben und uns empfinden ließen, daß wir nicht allein und verlassen sind, daß es immer etwas Größeres gab als uns, daß es doch vielleicht eine Art ausgleichender Gerechtigkeit gibt, wenn auch nicht immer innerhalb eines Menschenlebens, wie man nur allzu oft sehen kann. *Kunst 100*

Bartóks Kompositionen zeichnen sich durch einen hohen geistigen Gehalt aus, durch die gekonnte Einbeziehung von Elementen aus der Volks- und aus der Kunstmusik, durch musikalische Phantasie und durch die Beherrschung des Tonmaterials, wodurch sie die melodische Starre der Zwölftonmusik zu entlarven vermögen. Und doch birgt seine Musik bei aller Grimmigkeit, aller ungarischen Widerborstigkeit eine unendliche melodische Heiterkeit. Er schreibt eine Musik, die das Menschliche transzendiert, die Himmel und Hölle erreicht.

Lebensschule 103

Mit Bartók läßt sich nicht feilschen. Man kann zu seiner Musik nicht sagen: Einigen wir uns – bist du nett zu mir, bin ich nett zu dir. Bartók besitzt einen grimmigen Stolz. *Lebensschule 102*

Paganini war ein Komet am Himmel der Musik. Er verzehrte sich im Laufe seines von Krankheit tragisch verkürzten Lebens, aber er hinterließ einen Kometenschweif an Kompositionen von faszinierender Brillanz, die in ihrem italienisch-opernhaften Gehalt soviel Dramatik bergen und in ihrer Gestaltung so hohe technische Anforderung stellen, daß selbst heutzutage ein Geiger, der ihrem inneren Wert gerecht werden kann, sein Publikum blendet und mitreißt. *Lebensschule 111*

VI
Die gütigsten Menschen verursachen oft die größten Tragödien

Erkenntnisse

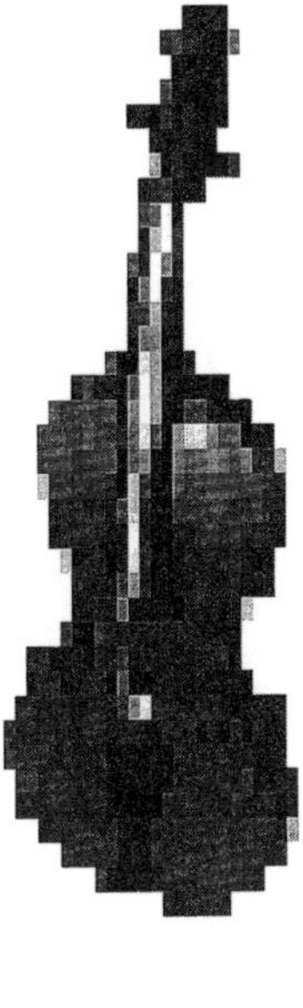

Ich glaube... an die Bedeutung gegenseitigen Vertrauens und daran, daß man mit sich selbst und anderen so ehrlich wie möglich sein soll. Die Unehrlichkeit führt zu schrecklichen Komplikationen.

Faszination 175 f.

Der irregeleitete gute Wille verursacht ebensoviel Leid wie die Absicht zu schaden. Und sehr viel Leid entsteht dadurch, daß man sich an enge oder irrelevante Grundsätze hält. Die gütigsten Menschen verursachen oft die größten Tragödien. *Faszination 173*

Die Kunst des Helfens – und dabei muß der Mensch, dem man hilft, seine Unabhängigkeit bewahren können – ist etwas sehr Schwieriges und verlangt große Flexibilität. Manchmal muß man einem Menschen sogar vorübergehend weh tun, wenn man ihm helfen will. In anderen Fällen kann man auf Umwegen helfen. Dann wieder ist es leicht zu helfen, und die Hilfe wird gern angenommen, wenn es nur eines kleinen Anstoßes bedarf – einer Musikstunde, eines kleinen Darlehens, eines Empfehlungsschreibens oder eines Gesprächs über ein schwieriges Problem. Ist eine Hilfeleistung über längere Zeit erforderlich, dann kompliziert sich die Angelegenheit. Die Komplexität einer solchen Lage entsteht nicht nur durch die zu erfüllenden Bedürfnisse, sondern auch durch die sich ständig wandelnden Beziehungen zwischen den Beteiligten. Ich habe festgestellt, daß Kinder sich im allgemeinen leichter helfen lassen als Erwachsene. *Faszination 170*

Mit Gewalt kann man nur das behalten, was man mit Gewalt genommen hat. Bis ein anderer kommt, der es mit Gewalt wieder wegnimmt. Gewalt dauert nicht, Gewalt ist nur gut, um sich selbst zu schützen, und sogar dann ist es nicht sicher, ob es in der heutigen Zeit angesichts der Kernwaffen nicht vernünftiger wäre, sich vernichten zu lassen. *Kunst 181*

Haß und Liebe sind wichtig wie Nord- und Südpol. Man muß jedoch auch die Länder und Gebiete, die zwischen beiden liegen, zur Kenntnis nehmen und wissen, daß nicht alles nur zum einen oder zum andern Pol gehört. *Kunst 189*

Eine Spur Vorurteil ist wie ein starkes Gewürz: hervorragend in kleinen Mengen. *Kunst 91*

Unser Bedürfnis nach Sicherheit um jeden Preis, das unser Tun und Handeln bestimmt, ist, wie vieles andere, die Ursache grauenhafter Verirrungen und Verheerungen gewesen.

Kunst 106

Wir wissen, wie wichtig die Uhr in jedem Beruf ist und wie wichtig es ist, uns unter allen Umständen ihren Anforderungen zu beugen, ob wir nun Berufsmusiker, Sportler oder Fabrikarbeiter sind. Aber die Dinge, die sich innerhalb der Uhrzeit ereignen und die nicht von ihr gemessen werden, sind das Maß unserer Originalität und Kreativität. *Kunst 217*

Wenn man aufbaut, gibt es viele Möglichkeiten. Wenn man etwas zerstört, nur eine. *Kunst 182*

Intuition entwickeln wir, glaube ich, wenn wir viele Dinge bewältigen müssen, die sich zur gleichen Zeit abspielen. Unser Verstand ist so angelegt, daß wir einzelne Probleme begreifen, sie analysieren und uns darüber klar werden, wie wir vorgehen sollen. Doch wenn wir mit zehn verschiedenen Faktoren konfrontiert sind, die alle voneinander abhängen und miteinander kombiniert werden können, stehen wir vor einer astronomischen Zahl von Varianten. Dann kapituliert der Verstand, und nur die Intuition kann uns helfen. *Reise 442*

Wenn man von einer Sache überzeugt ist, glaubt man sie zu kennen. Damit verliert man aber die Möglichkeit, sie mit anderen, unschuldigen Augen zu sehen oder zu verstehen oder irgendwie neuzugestalten. Man muß sich immer wieder nach dem Warum, dem Wie fragen. Immer wieder schleichen sich einfach Gewohnheiten im Denken wie auch im Empfinden ein, wenn man in einer bestimmten Situation ist.

Kunst 189

Wir müssen uns während unseres ganzen Lebens mit der Macht der Gewohnheit auseinandersetzen. *Faszination 147*

Disziplin ist die Fähigkeit, das, was man sich vorgenommen hat, bewußt und korrekt auszuführen. Die Disziplin ermöglicht es uns daher, ein Vorhaben auf die ökonomischste Weise in die Tat umzusetzen. Sie bringt uns auf den kürzesten und einfachsten Weg und auf den Weg mit den wenigsten Umwegen und Irrwegen – sobald wir uns über die Komplexität des Vorgangs klargeworden sind, alle Erfordernisse analysiert und sie auf das Notwendigste reduziert haben.

Die Routine ist die sinnlose Wiederholung bestimmter Aktionen, aber Disziplin ist viel mehr. Das Entscheidende ist die Ausrichtung auf ein klares Ziel, und das führt dazu, daß jede Leistung leichter, zuverlässiger und mit größerer Sicherheit vollbracht wird. *Faszination 164*

Im besten Sinne ist Freiheit eine gemeinschaftliche Sache; sie läßt sich auch nicht bewahren ohne gleichzeitige Verantwortung gegenüber anderen. Um fortbestehen zu können, beruht sie nicht auf selbstsüchtiger Ausbeutung, sondern auf der freiwilligen Zusammenarbeit der Menschen für gute Zwecke. *Kunst 61*

Freiheit ist nicht Freiheit zu tun, was man will; sie ist die Verantwortung das zu tun, was man tun muß. *Kunst 210*

Wenn wir etwas Neues werden wollen, müssen wir uns um das Alte kümmern, das wir ererbt haben. *Variationen 225*

Das vollkommene Glück ist nicht nur ein Gefühl oder ein Zustand, den wir in der Zukunft erreichen wollen, es ist vielmehr die Vorstellung von einer Harmonie, die tief in uns selbst lebt und die wir schon im Mutterleib erfahren haben. Dieses im Inneren lebendige Ideal der absoluten Ausgewogenheit mit dem Fluß der Ereignisse des täglichen Lebens in Einklang zu bringen, ist das Grundproblem des menschlichen Lebens. *Faszination 119 f.*

Das Suchen und der Weg sind wichtiger, als daß man wirklich etwas findet. *Interview*

Der lebendige Augenblick ist unvorhersagbar, und darin liegt eine der Hauptverwirrungen unserer Zeit. Wir möchten das Metermaß an Unmeßbares legen. *Kunst und Wissenschaft 10 f.*

Wir sind stets ein Bestandteil wechselseitiger, unumkehrbarer Prozesse, die uns gleichzeitig zu unserem Verderben und zu unserer Befreiung oder Erlösung tragen; zwischen denen wir bis zu einem gewissen Grade wählen können.

Kunst und Wissenschaft 15

Fachleute sollten als Verlängerung unserer Sinne, als die Astronomen unserer Sehkraft, die Radarmannschaft unserer Ohren, das heißt als Lieferanten von Daten betrachtet werden, als Werkzeuge ...; aber niemals dürfen die Fachleute an die Stelle unseres Gehirns treten, das sich immer das Recht der letzten Entscheidung vorbehalten muß. *Kunst und Wissenschaft 26*

Je mehr wir zu erkennen und zu verstehen beginnen, umso mehr Fragen werden sich erheben und umso ferner rücken wir ab von der Gewißheit. *Kunst 108*

Es ist letzten Endes unser Nichtwissen, das unser Handeln bestimmt, und nicht unser Wissen.

Kunst 107

Sehr oft ist das, was wir für unausweichlich halten, nur ein Vorwand dafür, daß wir etwas, das wir wirklich tun sollten, nicht tun, weil wir Zweifel und Befürchtungen haben oder unentschlossen sind. *Faszination 183*

Eine abstrakte Moral hat sich bisher nicht als unfehlbarer Führer erwiesen; denn wir können sehr irregehen, wenn wir in der Annahme, Gutes zu tun, in Wirklichkeit nur unseren Grundtrieben oder irgendwelchen unwiderstehlichen Verlangen frönen. *Kunst 127*

Unter Schönheit verstehe ich das ständige Suchen und Streben, in allen Dingen, die wir benutzen, in allem Tun und vor allem in uns selbst etwas Edles und Erhabenes wie Humor und Mitleid entstehen zu lassen, jeweils so verschieden, vielfältig, individuell und besonders wie nur möglich. *Variationen 192 f.*

VII

»Wohlstand« hat inzwischen einen negativen Beigeschmack

Leben in der Welt von heute

Mangel an jedwedem Gleichmaß und Maßhalten ist die Krankheit unserer Zeit.

Kunst 90

Das Wort »Wohlstand« hat inzwischen einen negativen Beigeschmack, das Wort bedeutet heute: mehr Umweltverschmutzung, mehr Häßlichkeit, mehr Rüstung, mehr Gefühllosigkeit, mehr Schuldner, die eine ungewisse Zukunft verpfänden. *Variationen 227*

Das grundlegende Kulturproblem unserer Tage ist die rasche und plötzliche physische und intellektuelle Emanzipation ständig wachsender, überwältigender Mehrheiten: eine wahrhafte Massenproduktion nicht nur von Autos und Flaschen, sondern ebenso von Menschen – ein quantitativer Prozeß mit starker Tendenz zur Uniformität.

Der einzelne ist nicht länger eine Einzelanfertigung, sondern ein Standardprodukt – das Ergebnis von gemeinsam erfahrenen Einflüssen, von monopolisierter, kommerzialisierter, staatlicher oder ideologischer Propaganda; das Ergebnis aus der Einwirkung einer begrenzten Zahl mächtiger Druckmittel auf ein fügsames, neutrales, indifferentes, gleichförmiges Material wie Ton, Blech oder Druckpapier. Man könnte sagen der schöpferische Akt der Fortpflanzung hat einem Roboterprozeß des Stanzens Platz gemacht, dem Prägen von Positivformen mit Hilfe von Negativstempeln wie bei der Druckerpresse. *Variationen 27*

Die Tragik liegt in der unbestreitbaren Tatsache, daß die industrielle Revolution uns so unzählig viele materielle Wohltaten beschert hat, daß es weltfremde Heuchelei wäre, sie einfach als schlecht abtun zu wollen. Und doch hat sie vieles zerstört, was im Menschen organisch angelegt war. Sie verhieß Hoffnungen auf besseren Lebensstandard, größere Möglichkeiten, freiere Berufswahl für die Massen, und all das ließ die dunkleren Seiten des Fortschritts übersehen, die wilde Jagd nach dem Profit, die Katastrophen bei Fehlschlägen, das furchtbare Gefühl, im Stich gelassen zu werden, Minderwertigkeitskomplexe, wenn die eigenen Fähigkeiten nicht erwünscht oder nicht gebraucht wurden.

Kunst 202

Die Zivilisation besteht gerade aus dem, womit wir die Natur ersetzen können. Das heißt, wir versuchen so schön zu malen, daß wir durch die Malerei ein Naturgefühl erwecken können. Und wir versuchen so schön zu spielen, daß wir durch die Musik alles erleben können, was wir tief empfinden. Und die ganze Zivilisation des Menschen ist eine Art, das wegzunehmen, was natürlich ist, und es mit Menschenkunst zu ersetzen. Das geht bis in die kleinsten und nicht guten Sachen. Man nimmt zum Beispiel Wasser weg und verkauft Coca-Cola. Man verschmutzt die Luft, so daß man nicht atmen kann – dann kann man Reisen nach Madagaskar verkaufen. Man nimmt weg, was einem Menschen gehört. Und damit er *nicht* erstickt und damit er *nicht* stirbt, muß er das künstlich ersetzen. Wenn er es mit *Kunst* ersetzen kann, ist es fabelhaft. Aber wenn es *künstlich* ersetzt ist, mit einer Art Droge oder kommerziellen Auswegen oder solchen Fluchten, die das Leben zerstören, dann ist es schrecklich. *Interview*

Wir können nicht schlechthin das Geld oder die Technik verteufeln, denn ihnen verdanken wir vieles von dem, was wir unsere »aufgeklärte Zivilisation« nennen. Jedwede Errungenschaft, jedweder Schritt vorwärts kann zum Bösen ausschlagen, wenn er für böse Zwecke eingesetzt wird. Geld hat auch die Demokratie befestigen helfen. Weil es der Kaufkraft breiter Verbraucherschichten bedarf, um unsere Maschinerie in Gang zu halten; weil der Dollar derselbe Dollar bleibt, ob in der Tasche der Schwarzen oder der Weißen, der Vornehmen oder der Armen, der Männer, Frauen oder Kinder, haben wir zuallererst die Gleichberechtigung erleben können. Und nun sehen wir die daraus erwachsene übertriebene Gleichmacherei der Waren und des Geschmacks. *Kunst 102 f.*

Die langsamere, durch individuelle Arbeit bedingte Vermehrung von Gütern, wie sie seit frühester Zeit üblich war, hat den Massenartikeln Platz gemacht, die dem Menschenzuwachs der Bevölkerung entsprechen müssen, mit der unvermeidlichen Folge, daß der Wert der einzelnen belebten oder unbelebten Ware abgesunken ist. *Kunst 157*

Das Bündnis von Industriekapazität mit Konsumbetrieb und Konsumkraft, der wirtschaftliche Fortschritt der Massen auf Grundlage der Plünderung und Verwüstung aller Vorräte unseres Planeten an lebendigem Mutterboden, an fossilen Brennstoffen, an Luft, Wasser und bestimmten anorganischen Elementen, haben den Einzelnen zum Glied einer Horde erniedrigt, das nur darauf aus ist, sich einen Anteil an der Beute zu sichern. Unsere einzige Rechtfertigung ist, daß es sich dabei nur um eine vorübergehende Phase unserer Entwicklung handelt. *Kunst 68*

Wir können anscheinend kaum noch einen leeren Fleck, ein bißchen Zeit oder einen Bauch sehen, ohne daran zu denken, wie man das eiligst ausfüllt. *Kunst 112*

In unserem täglichen Leben werden wir gezwungen, immer mehr Menschen und immer mehr Faktoren in ein komplexes Netz von Gegebenheiten einzuzwängen. Früher war es möglich, daß die Dinge auf ihre Weise und in dem ihnen angemessenen Rhythmus geschahen. Wir werden heute unserer Spontaneität beraubt. *Faszination 30*

Die Entfremdung des Menschen von seinen individuellen und gemeinschaftlichen Erzeugnissen, die er nur mehr käuflich aus zweiter und dritter Hand erwirbt – seine Mythen und Märchen vom Bildschirm; seine Musik von der Platte; seine Kleider von der Stange; seine Nahrung aus der Tiefkühltruhe oder als kaum genießbare mumifizierte Konserve aus dem Laden; das Pferd, mit dem er reden konnte, ist jetzt ein lärmender Traktor – diese Entfremdung des Menschen von den Früchten seiner Hände Arbeit geht Hand in Hand mit der Entfremdung von seinen größten Freuden und Befriedigungen. Das bedingt seine wachsende Abhängigkeit von Geld und Ersatzbefriedigungen: Waren und Dinge zu erwerben und Vermögen aufzuhäufen, d.h. Arbeitsergebnisse anderer Menschen. Die eigenen kreativen Antriebe verkümmerten darüber zu den gröbsten, selbstsüchtigsten, stumpfsinnigsten Formen, so daß sich der Mensch hauptsächlich nur mehr mit sich selbst und seinem unstillbaren Hunger nach Gesellschaft überhaupt beschäftigt. *Kunst 48 f.*

Heute genießen wir größere Freiheiten auf sozialer Ebene und sehr viel weniger Freiheit auf der schöpferischen. Mit dem gigantischen Wachstum der Bevölkerung ist das Reproduzieren und Wiederholen zur unausweichlichen Notwendigkeit geworden, und die erforderliche Erfindungsgabe hat in gewissem Maße das Wesen des Schöpferischen verwässert und in Findigkeit und Zweckdienlichkeit auseinandergebrochen. Der Mann am Fließband kann sich nicht als schöpferisch betrachten, denn er macht mit immer denselben Bewegungen dieselben Erzeugnisse. In der Gesellschaft aber kann er sagen, was er will. Er kann aus tausend Gegenständen den wählen, den er gerne haben möchte. Er kann reisen. Er kann die Mobilität des Geldes nutzen. Ist aber in diesen Wahlmöglichkeiten ein wesentliches schöpferisches Moment? *Kunst 213*

Ich bin dankbar für jeden Dilettanten, der etwas für sich selbst tun möchte ohne Zuhilfenahme einer industriell gefertigten Ware. Um dies tun zu können, muß er aber von Liebe zu etwas Lebendigem erfaßt sein. Niemand hat sich meiner Meinung nach jemals einer Melodie hingegeben, während er dabei gewissenhaft eine Dose Erbsen betrachtete. Eines Tages – ein schrecklicher Gedanke! werden wir, um die Leere unseres verkümmerten Daseins zu füllen, bestimmt Konservendosen haben, die eine Melodie von sich geben, wenn man sie öffnet. *Variationen 33*

Unsere Tragik liegt in der Erniedrigung unserer Normen und Werte. *Kunst 96*

Vielleicht besteht heute unser Hauptvergehen darin, daß wir uns so vollkommen auf den Augenblick konzentrieren, auf das Gegenwärtige, im Sinne sofortiger Vergnügung, Befriedigung und Erfüllung. Vergangenheit und Zukunft werden dem Augenblick aufgeopfert und damit allmählich zerstört. *Kunst 40*

Die Menschheit ist gefangen zwischen zwei extremen Widersprüchen: zwischen der Starrheit blinder Gewohnheit, Trägheit und Vorurteilen einerseits und der explosiven Vernichtungswut andererseits, dem richtungslosen Denken und Trachten und dem selbstmörderischen Willen nach Veränderung um jeden Preis. Der Mensch mag entweder überhaupt nicht handeln oder aber er handelt in übertriebener Weise. *Kunst 39*

Die Medien überschwemmen uns täglich mit Inkarnationen aller nur denkbaren hassenswerten Menschentypen: Diktatoren, Folterknechte, Playboys, Bandenchefs, Banditen, Diebe. Sie haben unverantwortlicherweise die Sicherheitszone zwischen Fantasie, Schein und Wirklichkeit eingerissen, und wir benehmen uns nur noch wie Affen, die alles nachahmen.

Kunst 90

Unsere kommerzielle Gesellschaft hat die gesamte Bevölkerung über einen Leisten geschlagen durch Massenvergnügungen, Bonbons für alle (zum allgemeinen Zahnverfall), Pornographie für alle und Ferienreisen für alle, alles für Geld, und das hat uns insgesamt zu einer einzigen Klasse, zu einem Typus egalisiert. *Kunst 69*

Es ist geradezu lächerlich, wie zögernd unsere schüchterne, unsichere Menschheit auf jedes Problem eingeht, das sich nicht durch Laboratoriumsversuche auf einen genauen Befund zurückführen läßt. ... Weder Kunst, noch Sprache, noch Musik, noch Medizin, schließlich überhaupt Wissenschaft wären je zustande gekommen, wenn der Mensch auf wissenschaftlich sichere Befunde gewartet hätte. Bestimmt hätten weder Kinder noch Liebesgedichte je das Licht der Welt erblickt, wenn Mann und Frau darauf bestanden hätten, erst einmal die Theorie kennenzulernen. *Kunst und Wissenschaft 33*

Das Vorhersagbare [die Wissenschaft] hat große Veränderungen in unserem Leben bewirkt, und weil die angewandten Gesetze der Wissenschaft zusammen mit einer gewaltigen Technik uns in abgeschlossenen Bereichen Kraft, Verfügungsgewalt, Beförderungsmittel, Bequemlichkeit und Sicherheit in großem Ausmaß gebracht haben, vergöttern wir die Nutzanwendung, indem wir den Kühlschrank und den Traktor mit der Idee verwechseln.

Kunst und Wissenschaft 10 f.

Wir sind der falschen, engstirnigen Ideale müde, die sich als hohl erwiesen haben.

Variationen 214

Ich möchte gern wissen, ob der Vorortpendler, der sich seinen Weg durch U-Bahn- und Straßenverkehr kämpft, ob der Industriemagnat, der noch am Spieltisch seinem Geschäft nachhängt, ob die Kinder, die von den Gewalttätigkeiten im Fernsehen fasziniert werden – ob sie ihre Muße genießen, oder ob sie bloß ihre Freizeit zu weiterer Versklavung benutzen?

Variationen 204

In den letzten Jahrtausenden hat die menschliche Rasse einige Männer hervorgebracht, die die Lage des Menschen in voller Wahrheit erkannt haben und uns mahnen: Halte die andere Backe hin! oder: Tu anderen... Das leuchtendste Vorbild war Gandhi mit seiner Lehre von der Gewaltlosigkeit. Inzwischen haben wir in der Entwicklung der Menschheit jenes Stadium erreicht, in dem wir es uns nicht mehr leisten können, unsere klügsten Männer zu kreuzigen, zu vergiften oder zu erschießen oder sie, wenn es zu spät ist, heiligzusprechen. Wir stehen jetzt direkt vor den Toren des Himmels oder, wenn wir wollen, der Hölle. *Variationen 185*

Im Privatleben kennen die meisten von uns die Grenzen ihrer Finanzkraft. Wenn wir unser Konto überziehen, leiden nur der Schuldner und die von ihm Abhängigen. Die Menschheit aber hat, wie manche Einzelwesen auch, noch nicht begriffen, daß ihr Überleben von den Vorräten abhängt, die bis jetzt meistens uneingeschänkt und scheinbar unbegrenzt verfügbar waren. *Variationen 183*

Es ist eine bittere Erkenntnis für den Betrachter unserer Zeit, die so üppige Früchte des Verstandes hervorgebracht hat wie die unzähligen wissenschaftlichen Disziplinen und ihre sichtbaren praktischen Ergebnisse in Gestalt von Energie, Kommunikationsmedien und Vervielfältigungsmethoden, daß die edelste Frucht des Verstandes (und des Herzens) bisher der Menschheit gänzlich entgangen ist: der ausgewogene Mensch in einer ausgewogenen Gesellschaft.

Variationen 21

In unserer Hast und Arbeitswut verkümmern wir nur zu oft, unser Horizont verengt sich auf das Unmittelbare, auf das, was wir in einer Lebenszeit oder einem Teil unserer Lebenszeit vollbringen können. *Kunst 166*

Unser Appetit kann ein köstliches Mahl doch nur dann genießen, wenn der Magen leer ist, wie unser Geist nur für Inspiration empfänglich ist, wenn er dafür frei- und bereitgemacht worden ist. Aber diese Brachfelder sind uns gestohlen worden, die Rechte der hilflosen Einzelnen sind von der organisierten Welt des Kommerzes durch Vorkaufsrecht mit Beschlag belegt worden und werden uns nun von Gaunern und Schwindlern mit Falschgeld und Augenblicksvergnügungen zurückgezahlt. *Kunst 114*

Sozial gesehen ist die neue Baukunst überwiegend erbärmlich, denn sie fängt und kapselt den einzelnen nicht nur ein, ohne ihm Geborgenheit zu gewähren, sondern sie läßt alle Alpträume von Ausbruch und Gewalttätigkeit wahr werden. Die riesigen Wohnsilos haben oftmals keinerlei soziale Einrichtungen wie Kirchen, Kindergärten, Bibliotheken, Ateliers für Bildhauer und Maler, Räume für Musikproben und zum Üben, Klubs, Gaststätten für die Erwachsenen, Saunen, Schwimmbäder, Sportanlagen verschiedener Art – all das fehlt diesen Wohnkomplexen. ... Käfig wird an Käfig gereiht, mit ebensowenig Rücksicht auf Menschlichkeit wie bei der Aufzucht von Batteriehühnern. *Variationen 200*

Architektur sollte teilhaben an Zeichnen und Bildhauerei, an Entwerfen und Formen. Heute hat sich der Ingenieur die Architektur zum größten Teil unter den Nagel gerissen und ihr alles Leben ausgetrieben. ... Bestenfalls hat der Ingenieur der Architektur zu einer unnatürlichen ekkigen Geometrik mit möglichst vielen rechten Winkeln verholfen; man vergleiche unser gänzlich unkreatives städtisches Gitter- und Netzwerk-System, in welchem weder Bodenständiges noch Umriß, Sonnenlicht, Luft, Wind und Regen, geschweige denn die magnetischen Pole Beachtung finden. Ehe sich die Architekten diesen Kriterien nicht unterordnen wollen, ehe sie nicht lernen, Beton wie einen flexiblen Baustoff zu behandeln, der er ist, ehe sie nicht wieder zum Bildhauer werden, zu einem Henry Moore, und wieder in den Fußstapfen Gottes wandeln, der seinen Urahn aus Lehm formte, solange bleiben wir dieser organischen Formen und Räume beraubt, der Gewölbe, der fruchtbaren Krümmungen, Kreise, Ovale und Flügel. *Kunst 198*

VIII

Das Lehren ist wie das Segeln

Über Erziehung

So wie sich die Wirtschaft heute nicht länger nur im engsten, unmittelbaren Sinne von Geldgewinn und Geldverlust betrachten läßt, sondern die Gesamtheit des Lebens, auch des zukünftigen Lebens, berücksichtigen muß, so darf auch die Erziehung nicht länger nur eingleisig verfahren, sondern sie muß jeden Einfluß und jedes Ideal miteinbeziehen. Ich meine nicht totale Kontrolle, totale Inspiration und Hingabe. Ich meine ein stärkeres Ethos und weniger Gesetze und Verordnungen.

Variationen 135

Das Lehren ist wie das Segeln; der Wind und die Segel treiben das Boot voran; der Segler muß es steuern und führen. Der Lehrer darf niemals vergessen, daß nicht er alle wichtigen Entscheidungen trifft und die Anregungen nicht nur von ihm ausgehen; er darf den Schülern nicht beherrschen wollen. Er hat ein Kind vor sich, das durch einen lebendigen Impuls motiviert wird. Das Kind wird vieles selbst finden und entdekken, wenn es gelernt hat zu experimentieren.

Faszination 127 f.

Der gute Lehrer... vermittelt dem Schüler das Gefühl, mitgenommen zu werden, und er ermutigt ihn dazu, sich ständig zu korrigieren..., ohne daß der Schüler zu Fall kommt. Und der gute Lehrer vermittelt nicht nur das Gefühl, daß der Schüler mitgetragen wird, sondern auch, daß er sich dem, was er lernt, soweit wie möglich hingibt, daß er völlig darin aufgeht.

Faszination 128 f.

Das Lehrbuch ist oft genug nur etwas, was den Lehrer entlasten soll, damit er nicht selbst initiativ werden oder auf einen eigenen Gedanken kommen muß. Vielleicht könnte eine Verminderung dieser Lehrmittel das Niveau der Lehrer heben. *Variationen 130*

Die Erziehung besteht aus verschiedenen Elementen: Das älteste und wirksamste ist Beispiel, Gelegenheit, Befriedigung, so wie ein Vogel seinen Jungen zeigt, wie man fliegt. Auf dieser Ebene ist das Unmittelbare, das Mündliche, das allerbeste. Ein Buch oder irgendein Gegenstand, der die Aufmerksamkeit von den Eltern oder Lehrern ablenkt, ist nicht nur überflüssig, sondern schädlich. *Variationen 128*

Guter Unterricht muß die Möglichkeit der Rebellion enthalten, sowohl gegen die eigenen Vorurteile des Lehrers wie auch von seiten des wachen Schülers, der schon vor dem Lehrer die schwachen Stellen in dessen Argumentation entdeckt hat. *Variationen 126*

Die herkömmliche Erziehung konzentrierte sich fast ausschließlich auf die vergleichsweise spät erworbenen geistigen Techniken des Menschen und überließ das sogenannte Irrationale, uralte und fundamentale Denkformen, der Willkür der natürlichen Umgebung, sozialer Pressionen und Erbeinflüssen, die zumeist unartikuliert blieben. *Variationen 109*

Erwachsene müssen es lernen, junge Menschen zu akzeptieren, sie zu verstehen und einen mäßigenden Einfluß auf sie auszuüben. Der Fortschritt der Gesellschaft ist undifferenzierten Kräften ausgesetzt, die in die richtigen Bahnen gelenkt werden müssen. Der Motor in einem Auto verwandelt die Energie, die bei der Explosion von Benzin entsteht, in die Drehbewegung der Räder. Würde die Explosion in der freien Luft erfolgen, dann entstünde daraus keine Antriebskraft. Die Explosion findet jedoch in einem geschlossenen Raum statt und wird gezwungen, die dabei freiwerdende Energie in eine bestimmte Richtung abzugeben.

Faszination 136

Mir scheint übrigens, daß die jüngere Generation nicht nur weit besser ist, als wir es verdienen, sondern daß sie in ihrer überwältigenden Mehrheit ein gewisses Wertgefühl entwickelt, das nicht so kommerziell ausgerichtet ist wie das unsere, und daß sie sich der Gesamtordnung alles Lebendigen stärker bewußt ist: der Mitgeschöpfe, des Lebens auf dem Land und im Wasser. Sie ist weniger gewaltsam aus Nachlässigkeit, wenn auch vielleicht gewaltsamer aus Absicht, und realistischer, was die Notwendigkeit einer Richtungsänderung und einer Verlagerung der Schwerpunkte angeht. *Variationen 133*

Wir müssen auch unterrichten und erziehen *gegen* bestimmte Sachen, gegen den Gebrauch von Drogen und Alkohol, gegen Gemeinheit und schlechten Geschmack, gegen Genußsucht und Mangel an Mitgefühl, gegen den blinden Glauben an das gedruckte Wort. Wir müssen Immunität lehren gegenüber der Werbung, und dieser Unterricht muß von frühester Jugend an beginnen. *Variationen 131*

Wie man in den Wald hineinruft, so schallt es heraus, und so zeugt Krieg Krieg, Schmerz

Schmerz, Liebe Liebe und Haß Haß. Aber es ist die Aufgabe unserer Erziehung, zu lehren und zu erreichen, daß wir diesen ewigen Kreislauf durchbrechen und einen besseren beginnen, sonst werden wir nur durch Schaden klug.

Variationen 118

Die Erwachsenen, die sich in ihrer anthropomorphen Einstellung häufig so überaus wichtig nehmen und glauben, der Mittelpunkt der Welt zu sein, wollen nicht begreifen, daß Kinder tatsächlich im Sinne der intuitiven Assoziationen aus einer viel größere Welt kommen als sie selbst. Die Erwachsenen mußten ihr Leben einengen und glauben, je länger ein Wort sei, umso tiefer sein Sinn und umso erwachsener und ungeeigneter für Kinder. Das halte ich für eine der größten Fehleinschätzungen in der Erziehung. Das Gegenteil ist der Fall. Je weiter die damit verbundenen Vorstellungen, je philosophischer oder metaphysischer es ist, umso geeigneter ist es für Kinder. *Kunst 139*

Die Kapazität zu lernen ist viel größer und eine viel geheimnisvollere Kraft, als manche Lehrer meinen. Sie glauben, das Kind müsse eine Art musikalisches Alphabet von A bis Z in logischer Folge lernen. Aber ein talentiertes Kind lernt die ganze Zeit, auf vielen Ebenen und in den verschiedensten Zusammenhängen; während der offiziellen Unterrichtsstunden, aber auch zu anderen Zeiten. Alles, was es hört, sieht, fühlt und dann in der Praxis anwenden will, bereichert den Schatz der inneren Erfahrungen, der dann in ihm reift. *Faszination 127*

Das Kind sollte sich ganzheitlich im Tun ausdrücken – durch Singen, Tanzen, Malen – und in aller Ruhe, ehe es sich spezialisieren muß. Das Phantasievolle muß dem Faktischen vorangehen und von der Wirklichkeit des Faktischen diszipliniert werden. *Variationen 128*

Alle Eltern wünschen sich, daß ihr Kind Erfolg hat, und nur Eltern, die dieses Problem vernünftig und objektiv betrachten, unterscheiden zwischen ihrem Ehrgeiz und dem Verlangen des Kindes nach Ausdrucksmöglichkeiten und Erfüllung. *Faszination 162*

IX

Welche Gesellschaft ist frei ohne ihre Träumer?

Die Zukunft des Menschen

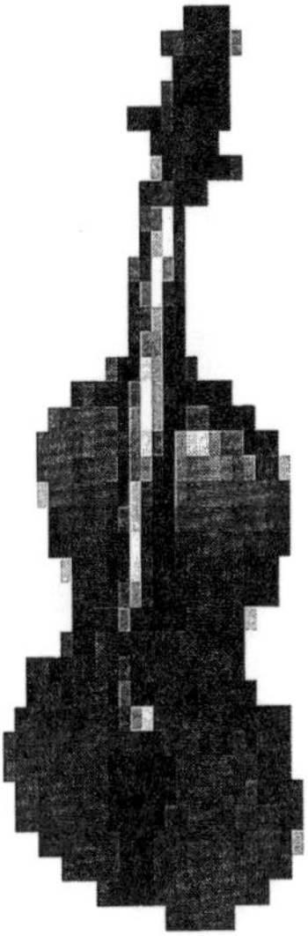

Eine Gesellschaft, die weder fastet noch betet und in der nicht wenigstens einige Mitglieder sich in diesen Formen der Reinigung und Teilhabe am Unendlichen zuwenden, ist ernstlich in ihrem Gleichgewicht gestört. *Kunst und Wissenschaft 72*

Welche Gesellschaft ist frei ohne ihre Träumer, Landstreicher und Zigeuner?... Alle jungen Menschen, die ich kenne, haben eine Zeitlang ein solches sorgenfreies Leben führen wollen.

Kunst 95

Eine gesunde Gesellschaft kann es sich nicht leisten, daß alle Leistungen nur auf ihren Geldwert reduziert werden. Deshalb würde ich einen nationalen oder übernationalen Dienst befürworten, der nicht begrenzt bleibt auf militärische oder polizeiliche Pflichten, sondern zu jeder Art helfender Tätigkeit für die Gesellschaft, in der wir leben, eingesetzt werden kann. *Kunst 206*

Eine Vereinigung bedeutet ein dynamisches Gleichgewicht, das zu erreichen und zu halten ist zwischen dem, was allen gemeinsam ist, und dem, was dem einzelnen vorbehalten bleiben muß. Wo dieses heikle dynamische Gleichgewicht fehlt, das heißt, wo Abhängigkeit und Unabhängigkeit nicht ausgewogen sind, können gemeinsame Träume, Hoffnungen, Bedürfnisse, Ängste und Leiden kaum eine Interessengemeinschaft bilden, wenn nicht Übereinkunft erreicht wird über einen namentlich genannten Bösewicht, einen Sündenbock, oder über ein festumrissenes gemeinsames Ziel.

Variationen 226

Alle Gesellschaften... haben die Form einer Pyramide, obwohl es in den einzelnen Gesellschaftssystemen erhebliche Bewertungsunterschiede gibt. Die Menschen sehen sich zwischen der Verehrung für diejenigen, die an der Spitze der Pyramide stehen, und der Frustration hin und her gerissen, die daher rührt, daß sie nicht auch selbst an die Spitze gelangen können. Diese Ambivalenz veranlaßt uns, einzelne auf ein Podest zu stellen und sie dann wieder herunterreißen zu wollen. *Faszination 123 f.*

Die totalitäre Abrichtung ist, so könnte es scheinen, insoweit der demokratischen Erziehung überlegen, als sie den gesamten Menschen erfaßt. Aber sie liefert falsche Grundlagen und verdichtet die irrationale Basis aller Reaktionen in eine dominierende Liebe und einen dominierenden Haß, sozusagen alle Süße in einen Zukker und alle Schärfe in ein Salz statt die tausend Geschmacksnuancierungen aller Stärkegrade. Und andere Gesellschaften, die von dieser Übersimplifizierung angesteckt werden, reduzieren alles zu einem Ideal oder einer Reihe von Idealen, anstatt Leben und Lebendiges in seiner unendlichen Vielfalt an sich zu achten... Wir scheinen unseres Sinnes für Vielfalt verlustig zu gehen wie auch der Möglichkeit, Verschiedenes miteinander in Beziehung zu setzen, die Vergangenheit zur Zukunft oder das Wechselspiel von Geruch und Geschmack: und zwar zugunsten einer Zertrümmerung in isolierte Einzelfälle und vereinsamte Individuen. In zerstörerischem Wahn möchten wir, wie unter dem Mikroskop, jeden Zentimeter Darm und Innereien, den wir feilbieten können, bloßlegen, im wörtlichen wie auch im übertragenen Sinn. Aber Zusammenhang ist mehr als bloße Aufeinanderfolge von Augenblicken, und Leben ist mehr als die Reihe von Fakten.

Solange der Augenblick nicht zum Ganzen in Beziehung gesetzt werden kann, solange nicht die kleinste Einzelheit ihren rechtmäßigen Platz findet in der Gesamtheit der Dinge, solange ich – das Individuum – nicht weiß, wohin ich gehöre und welche Aufgabe ich erfülle, solange bleibe ich ein unsoziales Exemplar statt eines lebendigen Teils vom Ganzen.

Variationen 114 f.

Die dunklen Zeitalter der Menschheit scheinen sich unaufhörlich zu wiederholen.

Kunst und Wissenschaft 20

Offensichtlich ist die Stimme eines Mannes oder einer Gruppe umso gewichtiger und repräsentativer, je mehr Geld dahintersteht, da sie dann für den größeren Teil des Wirtschaftssystems und der von diesem Abhängigen spricht.

Kunst 32

Es muß stets Leute geben, die das Vertrauen der Gesellschaft in so hohem Maße besitzen, daß sie draußen Entdeckungen machen und als Außenseiter erscheinen können, ohne daß die Gesellschaft sie verloren gäbe oder ihnen mißtraute. *Kunst und Wissenschaft 78*

Ich bin dagegen, daß wir Etiketten akzeptieren. Wir sehen in der Tierwelt Afrikas jagdbares

Fleisch und Felle. Die Deutschen betrachteten einen Großteil ihres Volks als Juden und definierten sie ziemlich ähnlich. Mit anderen Worten, wir können Menschen nicht beurteilen nach Kriterien des Essens, Verkaufens, Gebrauchens, Erniedrigens, Ausbeutens oder Erlösens. Nichts auf der Welt läßt sich mit einer einzigen, einfachen Umschreibung erschöpfend definieren. *Variationen 248*

Wir haben uns nicht darum bemüht, daß Schwarze und Zigeuner respektiert, ermutigt, geschützt und dazu befähigt werden, dort zu leben, wo sie sich am meisten beheimatet fühlen, nämlich in ihren eigenen Regionen oder auch unter freiem Himmel. Im Gegenteil, wir haben sie ausgenutzt als billige Arbeitskräfte, ohne sie als Menschenkulturen anzuerkennen und zu respektieren. Jetzt ernten wir die Früchte unseres Tuns oder vielmehr Unterlassens. Jetzt erscheinen uns diese Menschen bedrohlich, schmutzig, ungehobelt, arm und abstoßend. Ich behaupte aber, daß wir es sind, die unser eigenes Gewissen bedrohlich, schmutzig, ja auch falsch, hinterlistig und abstoßend finden müßten, und daß wir uns hinter den Neonazis verstecken, die die Zufluchtsorte dieser Menschen verbrennen und zerstören, damit wir unser eigenes schlechtes Gewissen entlasten können.

Berliner Lektionen 241 f.

Kein anderes Wort beschwört in den Köpfen der Europäer unseres Jahrhunderts solch grauenhafte Bilder von Krieg und Tod, von Zerstörung und Verlust, von Sinnlosigkeit und Barbarei herauf, wie es der Begriff »deutsche Wiedervereinigung« tut. Jeder muß inzwischen in seinem tiefsten Herzen erkannt haben, daß wir in einer neuen Welt leben, einer Welt von globalen Bedrohungen, aber auch globalen Möglichkeiten des Überlebens. Es ist undenkbar, wieder in eine Welt zahlloser isolierter Einheiten, eine Welt der Nationen und des Nationalismus, zurückkehren zu wollen. *Berliner Lektionen 235 f.*

Um Mißverständnisse zu vermeiden: Die Vereinten Nationen sind kein Bauplan für den Frieden – sie sind nicht einmal ein Versprechen auf irgendeine ideale Weltordnung. Sie sind eine Hoffnung, eine Hoffnung, deren Erfüllung nicht bei der Organisation als solcher liegt, sondern bei uns, bei jedem einzelnen Menschen auf dieser Erde. *Kunst 31*

Eine europäische Polizei ist von absoluter Notwendigkeit. Eine Situation, wie sie sich heute im früheren Jugoslawien verheerend ausgebreitet hat und zu einer Bedrohung wird, die sich von Italien bis zum Ural erstreckt, darf nicht länger um sich greifen. Das hieße soviel wie Aufrüstung zum dritten Weltkrieg, und zwar aus den gleichen Gründen wie zuvor, nämlich aus Trägheit, Bequemlichkeit, Schwäche, Feigheit, mangelndem Verständnis und mangelnder Einsicht, Unentschiedenheit und vor allem Mangel an Weitblick, und weil Fähigkeiten und Mittel zur Vorbeugung fehlen.

Berliner Lektionen 240f.

Eines der bewegendsten Schauspiele, dem ich je beigewohnt habe, war der Commonwealth Day of Service, der Nationale Gottesdienst am letzten Freitag in der Westminster Abtei, im Beisein der Königin. Jedes Volk, jede Rasse, jede Religionsgemeinschaft betete nacheinander: Muslime und Juden, Muezzin und Rabbi, Buddhisten und Katholiken Seite an Seite. Es war wie das Aufleuchten einer Vision: die Entschlossenheit, die gemeinsamen Familienbande der Menschheit aufrechtzuerhalten, ohne die trennende Andersartigkeit der verschiedenen Kulturen schiedenen Kulturen aufzugeben. Das ist der wahre Fortschritt. Ist es nicht ein höherer, edlerer Geist, eine wahre Weiterentwicklung über eine frühere Einstellung hinaus, als wir noch Missionare und Soldaten aussandten, um einen überlegeneren Glauben aufzuzwingen? *Kunst 52*

Wir dürfen nicht zu strengen Landesgrenzen zurückkehren, wir dürfen diese nicht wieder herstellen oder festlegen, sondern müssen vorwärts in ein Neuland gehen zu einer Konföderation von Kulturen und zu einem Parlament von Kulturen als Gegengewicht zum derzeitigen Parlament der Nationen. Diese zweigestufte Struktur der neuen föderalen oder konföderierten Einheiten sollte gewährleisten, daß das eine Haus, das Parlament der politischen Einheiten, die bislang Nationen hießen, das ökonomische Interesse und das andere Haus, das Parlament der Kulturen, die kulturellen Belange der verschiedenen Kulturen in all ihrer Vielfalt wahrnehmen sollten. *Berliner Lektionen 239*

Ich betrachte den Nationalismus als eine ideologische Analogie des unausrottbaren Verbrennungsmotors: Längst verdammt, allgemein als primitiv, ungenügend, schädlich erkannt, doch nach wie vor in unverminderten Quantitäten von den Fließbändern rollend. *Reise 322*

Was aber ist Kultur? Kultur ist die Pflege der Gesamtheit der Lebensäußerungen einer Gemeinschaft, also das, was unsere Art und Weise, uns auszudrücken, bestimmt und was eine Gruppe von Menschen von einer anderen unterscheidet, im Gegensatz zu rivalisierenden Nationalismen, die auf Uniformität und das Einebnen der Verschiedenheiten hinstreben. Kultur definiert also die eigene Art des Ausdrucks eines jeden Menschen, seine Gefühle und Gedanken über sich selbst, sein Wertebewußtsein, seine Beziehung zu anderen Menschen, zur Erde und deren Bewohnern. Kultur reicht von der Sprache bis hin zu Formen des Handwerks, zur Musik und zum individuellen Leben und Denkstil. Zur Kultur des Menschen gehören die Formen seines Glaubens und seines Aberglaubens, gehören Mythen und Symbole, gehören Bilder, Worte und Musik. *Berliner Lektionen 239 f.*

Der kindische Glauben an einen zwangsläufigen Anstieg des Lebensstandards für alle durch

Industrialisierung muß endlich ausgetrieben werden wegen der Halbwahrheiten, die er enthält. Es ist doch ein Hirngespinst, eine immer noch grobe Technologie ewig weiterentwickeln zu wollen, obwohl sie einen wachsenden Anteil der Weltbevölkerung verarmen und tributpflichtig werden läßt und ihn in die Abhängigkeit von Begierden zwingt, die nie gestillt werden können.

Die richtige Methode läge darin, den Konsum in Amerika, Europa und Japan einzuschränken und unterdessen jenes Wissen und jene Technologie zu erforschen und voranzutreiben, die das ökologische Gleichgewicht des Lebens wiederherstellen würde, die Wiederverwertung des sogenannten Abfalls ermöglichen und so die lebensgefährliche Anhäufung unorganischen Materials einschränken könnte, das uns zu ersticken droht. *Variationen 206 f.*

Es ist, als befände sich die Menschheit in ihrer Gesamtheit in einem Rettungsboot auf stürmischer See. Menschen, die einander hassen, und Menschen, die einander lieben – sie alle sind hier zusammengeworfen, und jeder ist für das Überleben aller im Rettungsboot notwendig. Die Gefahr liegt darin, daß jeder einzelne den

Untergang des Rettungsbootes herbeiführen kann. Wenn nur einer der Mannschaft in seinem Haß zu weit geht, oder dem Tod zu nahe ist, um noch etwas von der Zukunft zu erwarten – wenn nur einer aus Ungeduld oder mißverstandenem Heroismus oder aus Groll das Boot anbohrt, ertrinkt die ganze Menschheit.

Kunst und Wissenschaft 79 f.

Die ganze Welt leidet daran, daß keiner sagen kann, was er in zehn Jahren sehen möchte. Keiner! Das ist schade. Denn man sollte sich doch bemühen um irgendein *Ziel*. Es gibt keine Ziele heute. Es sind nur sehr enge: Ja, überleben, ich muß mein Auto behalten und mein Haus. Aber wenn meine Kinder vergiftet werden durch die Luft, das ist nicht meine Sache. Jeder lebt für die nächste Minute, nicht für ein Jahr und schon gar nicht für zehn Jahre. *Interview*

Den größten Wert müßte man darauf legen, Respekt vor Beständigkeit zu entwickeln, eine Ehrfurcht vor allem Lebendigen, ein Gefühl für Relativität von Werten und eine Bereitschaft, Irrtümer einzugestehen. Mit der Relativität von Werten meine ich zum Beispiel die Vermehrung von Autos und Straßen ohne den Ausbau einer angemessenen Organisation zur Hilfeleistung bei Verkehrsunfällen. Ich meine damit die Produktion von Düsenflugzeugen und Verbrennungsmaschinen und Atombomben, ohne Rücksicht auf den Grad an Verschmutzung, den unsere Atmosphäre noch absorbieren kann. ... Ich meine die Ausbeutung des Lebendigen aus Gier und Machtstreben, wie sie sich früher in Sklaverei und Kinderarbeit manifestierte und heute im anderen Extrem, dem Konsumzwang, der den Appetit ständig zum Zwecke des Profits anreizt, damit sich der Markt auf eine stets unbefriedigte, unruhige Käufermasse verlassen kann. *Variationen 196 f.*

Um seinen Himmel zu erreichen, muß der Mensch im großen und ganzen jede Spielart des Lebens, jede Hautfarbe, Sprache, Kleidung, Bewegung des Lebens, die er sehen, hören oder studieren kann, erhalten, lieben, genießen. Seine große Aufgabe ist es, die unendliche Vielfalt des Lebens zur Harmonie zu bringen, auf keinen Fall aber sie zur Einförmigkeit und falschen Ordnung verkümmern zu lassen. *Variationen 191 f.*

Die Menschheit wird den Himmel auf Erden haben, wenn wir lernen, unsere Grenzen zu respektieren. Es mag paradox klingen, zu sagen, daß Unendlichkeit und Ewigkeit des Himmels in Wirklichkeit nur der Abstand ist zum Herzen eines Fremden, zum Herzen eines Feindes: Ewigkeit ist der Augenblick des Erkennens.

Variationen 184

Wir müssen lernen, für eine wirkliche Aufgabe zu arbeiten. Damit meine ich etwas unserer eigenen Wahl, das dazu dient, uns zu verbessern und unsere Umwelt zu verändern. Es muß etwas Praktisches sein, das uns nahesteht, das jedem einzelnen nahesteht – etwas, das erfordert, daß wir aus uns ein gutes Werkzeug machen für diesen Zweck. *Variationen 120f.*

Heute, wo der Mensch, wie in der Vergangenheit, bedroht ist von Ausstoßung und Gefangenschaft in einer Welt, die kommandiert wird von unpersönlichen Dämonen, die wir selbst geschaffen haben, von wirtschaftlichen, mechanischen, sozialen, seelischen Kräften, ist es mehr denn je für sein Dasein geboten, ihm wieder zu einem spontanen, ganzheitlichen Ausdruck seiner selbst zu verhelfen, möglichst aus eigener Kraft, zum Beispiel durch Singen und Tanzen, zu einem Menschsein, das nach seinem eigenen Maß geschaffen ist, das seiner biologischen, seelischen und körperlichen Wesenheit dient, und ihn und seine Gemeinschaft in eine schützende Umgebung wohltätiger Empfindung zu hüllen, wie sie die Seidenraupe in ihrem Kokon besitzt.

Variationen 23

Ich zweifle keinen Augenblick daran, daß die Menschheit schöpferische Alternativen finden wird zur starren Eintönigkeit, und ich zweifle ebensowenig, daß die Kunst eine wichtige, pragmatische Rolle bei der Wiedergewinnung unseres Seelenheils spielen wird. *Kunst 163*

Man muß ein Ziel haben. Man muß den Weg machen – so gut wie möglich. Zum Ziel zu *gelangen*, das ist natürlich sehr schön, wenn es von Zeit zu Zeit geschieht. Aber man muß eine gute *Richtung* haben, in der man sich bewegt.

Interview

Quellenverzeichnis

Berliner Lektionen:
Berliner Lektionen 1992, hg. v. der Bertelsmann AG, Gütersloh (Bertelsmann) 1993.

Faszination:
Yehudi Menuhin, Ich bin fasziniert von allem Menschlichen. Gespräche mit Robin Daniels, München/Zürich (Piper) 1982.

Interview:
Gespräch mit Yehudi Menuhin, in: Badische Zeitung v. 24. 12. 1992.

Kunst:
Yehudi Menuhin, Kunst als Hoffnung für die Menschheit. Reden und Schriften, München/Zürich (Piper) 1986.

Kunst und Wissenschaft:
Yehudi Menuhin, Kunst und Wissenschaft als verwandte Begriffe. Versuch einer vergleichenden Anatomie ihrer Erscheinungsweisen in verschiedenen Bereichen menschlichen Strebens, Frankfurt/Main (Insel) 1960.

Lebensschule:
Yehudi Menuhin, Lebensschule, hg. v. Chr. Hope, München/Zürich (Piper) 1987.

Reise:
Yehudi Menuhin, Unvollendete Reise. Lebenserinnerungen, München/Zürich (Piper) 1976.

Variationen:
Yehudi Menuhin, Variationen. Betrachtungen zu Musik und Zeit, München/Zürich (Piper) 1979.

Herausgeber und Verlag danken den folgenden Verlagen für die Erlaubnis zum Abdruck der ausgewählten Texte: Bertelsmann Verlag, Gütersloh; Insel Verlag, Frankfurt/Main; Piper Verlag, München.